高校入試対策

英語リスニング練習問題

実践問題集　千葉県版
2025年春受験用

JN132649

contents

1　本書の特長・実践問題集の特長と使い方　1

2　過去の典型的な出題パターンと対策⋯⋯　2

3　問題と放送文 ⋯⋯⋯⋯⋯⋯⋯⋯⋯⋯⋯⋯ 3〜22

　　過去問題A ⋯⋯⋯⋯⋯⋯⋯⋯⋯⋯⋯ 3〜6

　　過去問題B ⋯⋯⋯⋯⋯⋯⋯⋯⋯⋯⋯ 7〜10

　　実践問題A ⋯⋯⋯⋯⋯⋯⋯⋯⋯⋯ 11〜14

　　実践問題B ⋯⋯⋯⋯⋯⋯⋯⋯⋯⋯ 15〜18

　　実践問題C ⋯⋯⋯⋯⋯⋯⋯⋯⋯⋯ 19〜22

4　解答例と解説 ⋯⋯⋯⋯⋯⋯⋯⋯⋯⋯⋯ 23〜27

　　過去問題A ⋯⋯⋯⋯⋯⋯⋯⋯⋯⋯⋯⋯ 23

　　過去問題B ⋯⋯⋯⋯⋯⋯⋯⋯⋯⋯⋯⋯ 24

　　実践問題A ⋯⋯⋯⋯⋯⋯⋯⋯⋯⋯⋯⋯ 25

　　実践問題B ⋯⋯⋯⋯⋯⋯⋯⋯⋯⋯⋯⋯ 26

　　実践問題C ⋯⋯⋯⋯⋯⋯⋯⋯⋯⋯⋯⋯ 27

K 教英出版

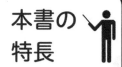

本書の特長

① 基本問題集（別冊）

英語リスニング問題を**7章の出題パターン別**に練習できる問題集です。
千葉県公立高校入試の英語リスニング問題の**出題パターンを重点的**に練習できます。

② 解答集（別冊）

①基本問題集の解答・解説・放送文・日本語訳などを収録。すべての問題の**放送文と日本語訳を見開きページで見る**ことができ，単語や表現を1つずつ照らし合わせながら**復習**ができます。

③ 実践問題集千葉県版（この冊子）

千葉県公立高校入試の**過去問題**(2回分)と，形式が似ている**実践問題**(3回分)を収録。
千葉県公立高校入試の**出題パターンの把握**や**入試本番に向けての練習**に最適です。

実践問題集 千葉県版 の特長と使い方

 **2回分の過去問題**

千葉県公立高校入試で**実際に出題された**問題です。

 **3回分の実践問題**

千葉県公立高校入試と**出題パターンが似ている**問題です。

 使い方

2ページの**過去の典型的な出題パターンと対策**で出題パターンを把握してから，**過去問題と実践問題**に進んでください。問題を解いた後に**解答例と解説**を見て，**答えにつながる聴き取れなかった部分を聴き直す**と効果的です。別冊の**基本問題集**で**出題パターン別**に練習して，**出題パターンに合った実力**をつけてからこの冊子に進むと，**過去問題と実践問題**をよりスムーズに解くことができます。

音声の聴き方

教英出版ウェブサイトの「ご購入者様のページ」に下記の「書籍ID番号」を入力して音声を聴いてください。

ID 191012（有効期限 2025 年 9 月）　　　　ＩＤの入力はこちらから→

 過去の典型的な出題パターンと対策

▶絵・グラフ… 対話や英文を聞き，絵やグラフを選ぶ　⟲ 別冊　第1章

 放送文

> (Aya): I visited Okinawa for three days last week.
> (Bob): That's nice. It's snowy here today, but how was the weather in Okinawa?
> (Aya): It was rainy on the first day. But on the second day it was cloudy, and on the third day it was sunny at last.
> Question: How was the weather when the girl arrived in Okinawa?

対話を聞いて，質問に合う絵を**ア〜エ**から1つ選び，記号を書きなさい。

 問題

ア	イ	ウ	エ
晴 れ	くもり	雨	雪

▶次の一言… 対話を聞き，次の言葉を選ぶ　⟲ 別冊　第2章

 放送文

> Yuka : Good morning, Bob. I have good news.
> Bob : Oh, you look so happy. What happened, Yuka?
> Yuka : （チャイム音）

対話を聞いて，チャイム音の部分に入る発言として適切なものを**ア〜エ**から1つ選び，記号を書きなさい。

問題

ア I feel tired now. 　　　　　　**イ** I won the prize in the piano contest yesterday.

ウ I lived there last year. 　　　　**エ** I'd like to know when they'll meet tomorrow.

▶語句を入れる… 対話や英文を聞き，空欄に語句を入れる　⟲ 別冊　第4章

 放送文

> (Takuya): Shall I help you for the party?
> (Amy): Thank you, Takuya. Can you go to the cake shop and get cakes at eleven?
> (Takuya): OK. Do you want anything else?
> (Amy): Yes. Could you buy something to drink at the supermarket on the way? Please come back before noon.
> (Takuya): All right.

対話を聞いて，空欄**ア〜ウ**に適切な日本語を入れなさい。

 問題

> ・ケーキ屋に（ **ア** ）時に取りに行く
> ・途中スーパーで（ **イ** ）を買う
> ・正午までに（ **ウ** ）

 Point

対策ポイント

絵・グラフの問題や語句を入れる問題では，選択肢の絵・グラフの内容を比較したり空欄の前後の内容を見たりして，音声が流れる前に音声の内容を予想し，聞き取った内容をすばやくメモする練習をしよう。

過去問題 A

1 英語リスニングテスト(**放送**による**指示**に従って答えなさい。)

No. 1	A. That's right.	B. Me, too.
	C. Yes, I did.	D. No, thank you.
No. 2	A. I will take him from here.	B. It will be good for you.
	C. I will go there by bus.	D. It will take a few minutes.
No. 3	A. Maybe someone moved it.	B. Oh, that's not a table.
	C. You really wanted to eat it.	D. I will buy the TV for you.

2 英語リスニングテスト(**放送**による**指示**に従って答えなさい。)

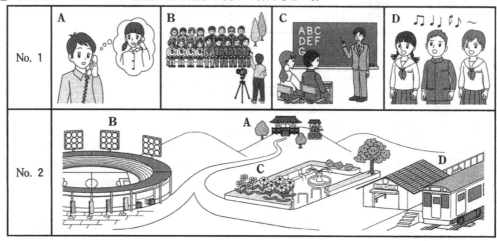

3 英語リスニングテスト(**放送**による**指示**に従って答えなさい。)

No. 1	A. Three.	B. Four.
	C. Five.	D. Six.
No. 2	A. Sam's father and mother.	B. Sam and his sister.
	C. Sam's father and sister.	D. Sam and his father.

4 英語リスニングテスト(**放送**による**指示**に従って答えなさい。)

| No. 1 | Emi's dream is to work at her father's restaurant and help him in the (① □□□□□□). His food is wonderful and (② □□□□□□□). Many people come to his restaurant to enjoy his food. |
| No. 2 | Tom's favorite month is (① □□□□□□□□). He can play in the snow with his friends. He also likes May because his (② □□□□□□□□) is in that month and his family gives him presents. |

1	No. 1			No. 2			No. 3		
2	No. 1			No. 2					
3	No. 1			No. 2					

4	No. 1	①							
		②							
	No. 2	①							
		②							

放送文は次ページ。解答例と解説は 23 ページにあります。

リスニングテストの問題は，1から4の四つです。

では，1から始めます。

1は，英語の対話を聞いて，最後の文に対する受け答えを選ぶ問題です。受け答えとして最も適当なものを，それぞれ問題用紙の**A**から**D**のうちから一つずつ選んで，その符号を書きなさい。なお，対話はそれぞれ2回放送します。では，始めます。

No. 1　Girl:　　What did you do last night?

　　　　Boy:　　I had a lot of homework to do.

　　　　Girl:　　Did you finish it?

No. 2　（街の中の音）

　　　　Man:　　Excuse me, but where is the station?

　　　　Woman:　OK. Go down this street and you will see it on your left.

　　　　Man:　　How long does it take from here?

No. 3　Boy:　　Mom, where is my English notebook? I left it on the table.

　　　　Mom:　　Ah, I moved it before dinner. I put it by the TV.

　　　　Boy:　　By the TV?... Oh, here it is. It's by the window.

次は2です。

2は，英語の対話又は英語の文章を聞いて，それぞれの内容についての質問に答える問題です。質問の答えとして最も適当なものを，それぞれ問題用紙の**A**から**D**のうちから一つずつ選んで，その符号を書きなさい。なお，英文と質問はそれぞれ2回放送します。では，始めます。

No. 1　（電話の着信音）

　　　　Nanami:　Hello.

　　　　Ken:　　Hi, Nanami. How are you feeling? You didn't come to school today. I called you to tell you about tomorrow's classes.

　　　　Nanami:　Oh, thanks, Ken. I'm feeling better now.

　　　　Ken:　　Good. We will take pictures together in the afternoon. If it rains, we will have English and music classes.

　　　　Nanami:　OK. Thank you so much for telling me.

　　　　Ken:　　No problem. I hope you can come to school tomorrow.

　　Question: What will they do tomorrow afternoon if the weather is good?

No. 2　Yesterday I enjoyed walking in my town with my friend from London. First, we went to the mountain to visit Nansouji Temple. My friend loves traditional Japanese things. We had lunch there. Then, we went to Nanohana Park to see the beautiful flowers. After that, we went back to the station. Next week, we will watch a soccer game at the stadium.

　　Question: Where did they eat lunch?

次は 3 です。

3 は，英語の対話又は英語の文章を聞いて，それぞれの内容についての質問に答える問題です。質問の答えとして最も適当なものを，それぞれ問題用紙の **A** から **D** のうちから一つずつ選んで，その符号を書きなさい。なお，英文と質問はそれぞれ 2 回放送します。では，始めます。

No. 1 （ジングル）

Do you want to find something new or interesting? Our park is the best for you. Now there are an art museum, a history museum, and a sports museum in our park. Next Friday, a new museum will open. It will be a computer museum, and it will be the biggest museum in the city. It will have many kinds of computers. I think that you have never seen some of them before. The park is in front of Aozora Station, and it takes only 5 minutes from there. We hope you will visit our park soon!

Question: How many museums will the park have next weekend?

No. 2 Meg: Hi, Sam. How was your weekend?

Sam: It was fun. I went to see my grandfather and stayed at his house.

Meg: Good. Did you go there with someone?

Sam: I went there with my family.

Meg: Sounds nice! Your grandfather was happy to see you, right?

Sam: Yes, but my sister had dance practice on Sunday, so she and my father had to go back home earlier than my mother and I.

Question: Who went back home early from Sam's grandfather's house?

次は 4 です。

4 は，英語の文章を聞いて，その内容について答える問題です。問題は，No. 1，No. 2 の二題です。問題用紙には，それぞれの英語の文章の内容に関するまとめの文が書かれています。（間 3 秒）

それらの文を完成するために，①，②にあてはまる英単語を書きなさい。ただし，口には 1 **文字**ずつ入るものとします。なお，英文はそれぞれ 2 回放送します。では，始めます。

No. 1 Emi wants to work at her father's restaurant in the future. Her father cooks wonderful food that is very popular. He is always very busy, because many people come to his restaurant to eat his food. So, Emi wants to help him.

No. 2 February is Tom's favorite month. He likes the cold weather and enjoys playing in the snow with his friends. He also likes May, because he was born in that month, and he can get presents from his family.

以上で，リスニングテストを終わります。

過去問題 B

1 英語リスニングテスト（**放送**による**指示**に従って答えなさい。）

No. 1	A. I'm sorry.	B. Let's see.
	C. Sounds good.	D. You're welcome.
No. 2	A. Yes, I am.	B. I think so, too.
	C. No, I don't.	D. See you later.
No. 3	A. I agree with you.	B. I'm glad to hear that.
	C. No problem.	D. That's too bad.

2 英語リスニングテスト（**放送**による**指示**に従って答えなさい。）

| No. 1 | A | B | C | D |
| | | | | |

No. 2		A	B	C	D
	Tomorrow				
	The Day After Tomorrow				

3 英語リスニングテスト（**放送**による**指示**に従って答えなさい。）

No. 1	A. Buy a bus map.	B. Go to the train station.
	C. See a doctor.	D. Visit the park.
No. 2	A. Because there are so many people.	B. Because many people will play music.
	C. Because Allan is excited.	D. Because Jack is late.

4 英語リスニングテスト（**放送**による**指示**に従って答えなさい。）

| No. 1 | The most popular cake in Jay's cake shop is his (① b□□□□□□□□) fruit cake. He started selling a new pineapple cake in (② □□□□□□□). |
| No. 2 | Natsume Soseki was a famous writer. He wrote many (① □□□□□□□) in his life. Before he became a writer, he (② □□□□□□) English at a few different schools. |

1	No. 1			No. 2			No. 3		
2	No. 1			No. 2					
3	No. 1			No. 2					

4	No. 1	①	b						
		②							
	No. 2	①							
		②							

リスニングテストの問題は，1 から 4 の四つです。

　では，1 から始めます。

　1 は，英語の対話を聞いて，最後の文に対する受け答えを選ぶ問題です。受け答えとして最も適当なものを，問題用紙の **A** から **D** のうちから一つずつ選んで，その符号を書きなさい。なお，対話はそれぞれ 2 回放送します。では，始めます。

No. 1　Woman:　　Excuse me. Can I borrow your pen?

　　　　Man:　　　Of course. Here you are.

　　　　Woman:　　Thank you.

No. 2　Mr. Jones:　Come in, please.

　　　　Emma:　　　Hello, Mr. Jones.

　　　　Mr. Jones:　Hi, Emma. Are you ready to begin your speech?

No. 3　Amanda:　　Hi, Mike. How are you?

　　　　Mike:　　　Fine, thanks, Amanda. You look very happy today.

　　　　Amanda:　　Do I? I just got a letter from my best friend in the U.S.

　次は 2 です。

　2 は，英語の対話又は英語の文章を聞いて，それぞれの内容についての質問に答える問題です。質問の答えとして最も適当なものを，問題用紙の **A** から **D** のうちから一つずつ選んで，その符号を書きなさい。なお，英文と質問はそれぞれ 2 回放送します。では，始めます。

No. 1　Man:　　Hello. May I help you?

　　　　Girl:　　I want to buy... something. I will use it in my science lesson tomorrow, but I don't know how to say it in English.

　　　　Man:　　I see. What can you say about it?

　　　　Girl:　　Well, I can use it to make something bigger. No... I mean, everything looks bigger when I look through it. I can look at a flower with it in the school garden. Also, it can be put in a small bag.

　　　　Man:　　OK. I think I understand. I will get it for you.

　　Question: What does the girl want to buy?

No. 2　（ジングル）

　　　　This is Radio Chiba. Here's the weather. Spring will come just for a day. It will be the warmest day of the month tomorrow. It's going to be sunny all day and the wind will not be strong. But the day after tomorrow, it's going to be cold again. This cold weather will continue for the next three or four days. It's not going to be rainy, but the wind will be strong the day after tomorrow.

　　Question: How will the weather be tomorrow and the day after tomorrow?

次は 3 です。

3 は，英語の対話又は英語の文章を聞いて，それぞれの内容についての質問に答える問題です。質問の答えとして最も適当なものを，問題用紙の A から D のうちから一つずつ選んで，その符号を書きなさい。なお，英文と質問はそれぞれ 2 回放送します。では，始めます。

No. 1　Man:　　　Excuse me. Can you help me? I think I'm lost. Where am I on this map?

　　　　Woman:　　Let's see. You are right here, between the hospital and the bike shop.

　　　　Man:　　　Where can I get a bus to the train station?

　　　　Woman:　　Here. You can catch a bus in front of the park. Keep going on this street, and turn right at the next corner. Go straight down Orange Street, and you'll be there.

　　　　Man:　　　Thank you so much.

　　　　Woman:　　I'm happy I could help. Have a nice day.

　　　Question: What does the man want to do?

No. 2　（開演前の雑踏）

　　　　Welcome to our special show by Jack Williams. This evening, as you already know, Allan Gordon, another great musician of our time, will join the show. This will be the first time for Jack and Allan to play music together! We know you are very excited, but we are sorry to tell you that the show will start a little late because there are so many people here. Please wait a little longer. Thank you.

　　　Question: Why will the show start late?

次は 4 です。

4 は，英語の文章を聞いて，その内容について答える問題です。問題は，No. 1，No. 2 の二題です。問題用紙には，それぞれの英語の文章の内容に関するまとめの文が書かれています。（間 3 秒）それらの文を完成するために，①，②にあてはまる英単語を書きなさい。ただし，口には 1 文字ずつ入るものとします。なお，英文はそれぞれ 2 回放送します。では，始めます。

No. 1　　Jay opened a cake shop nine years ago. His shop's most popular cake is fruit cake, and everyone says it's beautiful. He always tries to make many new kinds of cake. He just started selling a new pineapple cake in January. He hopes that people will like it.

No. 2　　Natsume Soseki was a famous Japanese writer. He is best known for his books, such as *Kokoro*, *Botchan*, and *I Am a Cat*. He wrote many stories in his life. Before he became a writer, he was an English teacher at a few different schools.

以上で，リスニングテストを終わります。

実践問題A

これは放送による問題です。問題は**放送問題1**から**放送問題3**まであります。

放送問題1　翔太 (Shota) とジュディ (Judy) の対話を聞いて，質問の答えとして最も適当なものを，**ア〜エ**の中からそれぞれ一つずつ選びなさい。

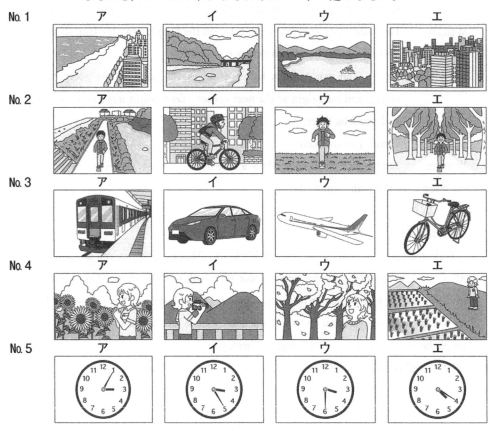

放送問題2　二人の対話の最後の応答部分でチャイムが鳴ります。そのチャイムの部分に入る最も適当なものを，**ア〜エ**の中からそれぞれ一つずつ選びなさい。

No. 1　ア　I'm just looking.　　　　　　　イ　I'll take both.
　　　　ウ　Shall I show you a smaller one?　エ　It looks nice.

No. 2　ア　Sure. Can you teach me math then?　　イ　Good idea. But I have other plans.
　　　　ウ　No. Today, I'm going to clean my room.　エ　I'm sorry. I'm busy now.

放送問題3　渉 (Wataru) が英語の授業で発表した内容を聞きながら，①〜⑤の英文の空欄に入る最も適当な**英語1語**を書きなさい。

① Though Wataru practiced tennis very hard, he couldn't (　　　　　　　　) most of his games.
② Wataru (　　　　　　　) thought he didn't want to play anymore.
③ Wataru's teammate said to him with a (　　　　　　　　), "You're doing your best."
④ The kind (　　　　　　) from his teammate helped Wataru to start playing again.
⑤ Wataru was able to make lots of friends and he will (　　　　　　　) them forever.

放送問題 1	No. 1	
	No. 2	
	No. 3	
	No. 4	
	No. 5	
放送問題 2	No. 1	
	No. 2	
放送問題 3	①	
	②	
	③	
	④	
	⑤	

(12) 放送文は次ページ。解答例と解説は 25 ページにあります。

実践問題 A 放送文

これから，放送によるテストを行います。問題は**放送問題 1** から**放送問題 3** まであります。放送を聞いている間に，メモを取ってもかまいません。

はじめに，問題用紙の**放送問題 1** を見なさい。これは，翔太（ショウタ）と日本に留学しているジュディの対話を聞いて答える問題です。対話が放送されたあとに，クエスチョンと言って質問をします。質問は，**No. 1** から**No. 5** まで五つあります。その質問の答えとして最も適当なものを，**ア，イ，ウ，エ**の中から一つずつ選びなさい。対話，クエスチョンの順に 2 回読みます。
それでは，始めます。

Shota:	Hi, Judy. We're going to have a Show and Tell activity tomorrow. Do you have a picture with you now?
Judy:	Yes, here's one. Look! You can see a beautiful beach and a lot of buildings along the beach.
Shota:	It's a wonderful view!
Judy:	How about yours?
Shota:	This is a picture of my favorite park. There are a lot of big trees and I like to walk between the trees.
Judy:	It looks beautiful. Is it around here? Can we go there by bike?
Shota:	No, it's too far from here. We always go there by car.
Judy:	I see. I want to go there someday.
Shota:	You should. I think spring is the best season because you can see the cherry trees.
Judy:	Wow! I've wanted to see beautiful cherry trees since I came to Japan.
Shota:	Is that so? Please enjoy them next spring.
Judy:	I will.
Shota:	Oh, it's already 3:25. My club will start in five minutes.
Judy:	Oh, OK. Have fun.
Shota:	Thanks. See you tomorrow.
Judy:	See you.

Question No. 1	What picture does Judy have?
Question No. 2	What does Shota like to do in the park?
Question No. 3	How does Shota go to the park?
Question No. 4	What will Judy enjoy next spring?
Question No. 5	What time will Shota's club start?

放送問題 2 に移ります。問題用紙の**放送問題 2** を見なさい。これは，二人の対話を聞いて，対話の続きを答える問題です。対話は**No. 1** と**No. 2** の二つあります。それぞれの対話の最後の応答部分でチャイムが鳴ります。そのチャイムの部分に入る最も適当なものを，**ア，イ，ウ，エ**の中から一つずつ選びなさい。対話は**No. 1，No. 2** の順に 2 回ずつ読みます。
それでは，始めます。

No. 1　Woman：Hello. May I help you?
　　　Boy 　：Yes, please. I'm looking for a T-shirt.
　　　Woman：How about this green one?
　　　Boy 　：（チャイム）

No. 2　Boy 　：Are you free tomorrow?
　　　Girl 　：Yes. I don't have any plans.
　　　Boy 　：Great! Shall we study at my classroom after school?
　　　Girl 　：（チャイム）

放送問題 3 に移ります。問題用紙の**放送問題 3** を見なさい。これから読む英文は，渉（ワタル）が英語の授業で発表した内容です。英文を聞きながら，①から⑤の英文の空欄に入る最も適当な英語 1 語を書きなさい。英文は 2 回読みます。
それでは，始めます。

　　I belonged to the tennis club for three years. Though I practiced tennis very hard, I couldn't win most of my games. I once thought I didn't want to play anymore. At that time, one of my teammates said to me with a smile, "You're doing your best." The kind message from my teammate helped me to start playing again. In my school life, I was able to make lots of friends and I will remember them forever.

　　以上で，放送によるテストを終わります。

実践問題B

1 ジェーンと勇樹との会話を聞いて，勇樹のことばに続くと考えられるジェーンのことばとして，次の**ア～エ**のうち最も適しているものを一つ選び，**解答欄の記号**を〇で囲みなさい。

ア I like Chinese food.　　**イ** I don't eat food.　　**ウ** Yes, you are kind.　　**エ** No, I'm not.

解答欄	ア　　イ　　ウ　　エ

2 ホワイト先生が絵の説明をしています。ホワイト先生が見せている絵として，次の**ア～エ**のうち最も適していると考えられるものを一つ選び，**解答欄の記号**を〇で囲みなさい。

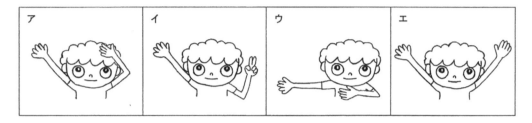

解答欄	ア　　イ　　ウ　　エ

3 ベッキーとホストファミリーの翔太が電話で話をしています。二人の会話を聞いて，ベッキーが翔太のために買って帰るものとして，次の**ア～エ**のうち最も適していると考えられるものを一つ選び，**解答欄の記号**を〇で囲みなさい。

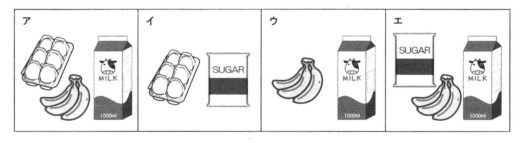

解答欄	ア　　イ　　ウ　　エ

4 ジョンとホストファミリーの恵子との会話を聞いて，恵子が住んでいる地域のごみの回収予定を表したものとして，次の**ア～エ**のうち最も適していると考えられるものを一つ選び，**解答欄の記号を○で囲みなさい。**

ア

火曜日	水曜日	木曜日	金曜日
古紙	プラスチック ペットボトル		燃えるごみ

イ

火曜日	水曜日	木曜日	金曜日
燃えるごみ	プラスチック ペットボトル		古紙

ウ

火曜日	水曜日	木曜日	金曜日
燃えるごみ		プラスチック ペットボトル	古紙

エ

火曜日	水曜日	木曜日	金曜日
燃えるごみ	古紙		プラスチック ペットボトル

解答欄	ア	イ	ウ	エ

5 動物園で飼育員が案内をしています。その案内を聞いて，それに続く二つの質問に対する答えとして最も適しているものを，それぞれ**ア～エ**から一つずつ選び，**解答欄の記号を○で囲みなさい。**

(1) **ア** Once.　　**イ** Twice.　　**ウ** Three times.　　**エ** Four times.

解答欄	ア	イ	ウ	エ

(2) **ア** To buy some food for the babies.
　　イ To give some milk to the babies.
　　ウ To take pictures of the babies.
　　エ To buy the books about the babies.

解答欄	ア	イ	ウ	エ

6 登山中のエミリーと浩二との会話を聞いて，それに続く二つの質問に対する答えとして最も適しているものを，それぞれ**ア～エ**から一つずつ選び，**解答欄の記号を○で囲みなさい。**

(1) **ア** The hot drink.　　　　**イ** The map of the mountain.
　　ウ The chocolate.　　　　**エ** The beautiful view.

解答欄	ア	イ	ウ	エ

(2) **ア** Drinking something cold is good for his tired body.
　　イ Enjoying the view is an easy way to get energy for his body.
　　ウ Finding the best way to relax on a mountain is difficult.
　　エ Getting energy for his mind is also an important thing.

解答欄	ア	イ	ウ	エ

実践問題B 放送文

1 Jane: Hi, Yuki. I'm hungry. Shall we go to a restaurant for lunch?
   Yuki: Sure, Jane. What kind of food do you like?

2 Look, everyone. Now, I will introduce a gesture from England. This person does two things. First, he raises one of his hands. Next, he puts his other hand on his head. This was used in meetings in the old days.

3 Becky: Hi, Shota. I'm at a supermarket. Tomorrow, we will have a party at home. Is there anything you want me to buy?
   Shota: Thank you, Becky. I will make a cake tonight. So I need a bottle of milk, some eggs, and bananas for the cake.
   Becky: OK. Oh, Shota, we don't need to buy any eggs. I think there are enough eggs in the kitchen.
   Shota: Really? Oh, you are right.
   Becky: Do you need sugar?
   Shota: No. We have enough sugar. Thank you, Becky.
   Becky: You are welcome. I will buy the things you need. See you later.

4 John: Good morning, Keiko. I cleaned my room last night and I put the trash in this plastic bag. What should I do now?
   Keiko: Good morning, John. The trash can be burned, right? It's Tuesday today, so please put the bag in front of our house. The bags will be collected later today.
   John: OK, can I put these old magazines and newspapers in the same bag?
   Keiko: No, we should recycle them. The day for them is Friday.
   John: I will keep that in mind. Oh, there are some plastic bottles here. Do you have another bag for them? Plastic bottles can also be recycled, right?
   Keiko: Yes, but the day for plastic things is tomorrow. This is the bag for them. Here you are.
   John: Thank you, Keiko.

5 Thank you for visiting the area of lions. Now, it's 1 o'clock. Soon, we will show you two babies of lions here. They are very small and cute. The babies were born three months ago. They usually sleep almost all day and sometimes drink milk in a different room. They can't eat food now, but they love milk. Oh, they are coming. We are sorry but please don't use your cameras and cellphones. Strong light is not good for the babies. …Now they are here! This is the first time you can see these babies today. After 30 minutes from now, they will go back to their room. But you have one more chance to see them today. The babies will come back here again at 4 p.m. If you want to know more about the babies, you can buy books about them at the shop near the gate. Buying the books is helpful because the money will be used to take care of the babies. We hope you have a wonderful day at our zoo. Thank you.

Question 1: How many times does the zoo show the babies to the visitors today?
Question 2: What is the thing the visitors can do to be helpful for the babies?

6　Emily: Come on, Koji.　Are you tired?

　　Koji: Yes, Emily.　Please wait.　I want to rest.

　Emily: OK.　Let's rest here.　I will give you some hot tea.

　　Koji: Thank you.　Oh, look at this map.　We are already at this point now.

　Emily: Yes, but it will take one more hour to get to the top of the mountain.　We need energy.　How do you get energy when you are tired, Koji?

　　Koji: I think drinking hot tea and eating delicious chocolate are very good for my body.　I always bring my favorite chocolate.

　Emily: I also love chocolate.　Can you give me some?　Chocolate is good for relaxing.

　　Koji: Sure, here you are.　How do you get energy, Emily?

　Emily: I think enjoying the view from each place is important.　Look, we can see a lot of things from this high place.

　　Koji: I see.　You mean you can get energy from the view?

　Emily: Yes, I like the view from a high place.　When I look back and think about the way we've come, I can feel my effort until now.

　　Koji: Oh, you are talking about getting energy for your mind.　Now I think getting energy for my mind is as important as getting energy for my body.

　Emily: That's right!　Oh, you look better, Koji.　Are you feeling good now?

　　Koji: Yes, I'm ready!　Let's go!

Question 1:　What did Koji give Emily as energy for her body?

Question 2:　What did Koji notice through the conversation?

実践問題C

放送を聞いて，[問題1]，[問題2]，[問題3]，[問題4]に答えよ。

[問題1]　英語の短い質問や呼びかけを聞き，その後に読まれる**ア，イ，ウ，エ**の
英語の中から，答えとして最も適当なものを一つずつ選ぶ問題

※**記号**で答えよ。問題は3問ある。

[問題2]　表を見て，質問に答える問題

※答えとして最も適当なものを**表の中から抜き出して**答えよ。

(1)

Train	Green Station		Spring Station	
A	9:10	⇒	9:35	2 dollars
B	9:20	⇒	10:05	2 dollars
C	9:25	⇒	9:50	2 dollars
D	9:40	⇒	9:55	3 dollars

(2)

Movie	Time			
	10:00～	12:30～	14:30～	16:00～
Japanese movie		Drama		
Foreign movie	Drama		Animal	Sports

[問題3]　美佳（Mika）と留学生のケビン（Kevin）の対話を聞いて，質問に答える問題

※答えとして最も適当なものを**ア，イ，ウ，エ**の中から一つずつ選び，
記号で答えよ。

(1)　ア　Yes, he does.
　　イ　No, he doesn't.
　　ウ　Yes, he is.
　　エ　No, he isn't.

(2)　ア　She asked Kevin many questions about writing English.
　　イ　She got many letters in English from her teacher in Australia.
　　ウ　She wrote many letters in English to her friends in America.
　　エ　She showed her friends a lot of books in English about America.

(3)　ア　Practicing swimming with her is important for him.
　　イ　Writing letters in English is important for him.
　　ウ　Using Japanese in communication is important for him.
　　エ　Speaking about his new school is important for him.

[問題1]	(1)		(2)		(3)	
[問題2]	(1)			(2)		
[問題3]	(1)		(2)		(3)	

〈問1〉 和也 (Kazuya)が，国際交流センターでのイベント〔Culture Day〕で，チラシを見ながら説明を受ける。それを聞いて，(1)～(3)の質問に答えよ。

　　　※(1)は**ア，イ，ウ，エ**の中から一つ選び**記号**で，(2)は（　）内にそれぞれ**1語の英語**で，(3)は**4語以上の英語**で答えよ。

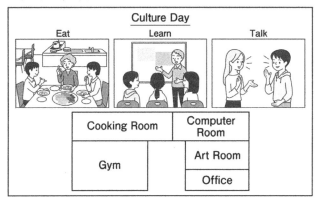

(1) Which country's food can Kazuya eat in the Cooking Room?

　　ア　Food from France.
　　イ　Food from Canada.
　　ウ　Food from China.
　　エ　Food from India.

(2) What can Kazuya see from one o'clock in the Art Room?

　　　He can see many （　　　　　）（　　　　　） of the festivals.

(3) Kazuya is going to meet the students from Canada in the Gym. What does he need to do at the Office before that?

〈問2〉 英語の指示にしたがって答えよ。 ※**4語以上の英語**で文を書け。

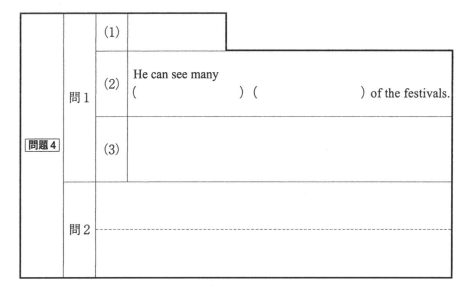

実践問題C 放送文

問題は，問題1から問題4まであります。なお，放送中にメモをとってもかまいません。
英語はそれぞれ2回繰り返します。

（2連続音チャイム ○–○）
それではテストを始めます。問題1を見なさい。これから，英語で短い質問や呼びかけをします。その後に続けて読まれるア，イ，ウ，エの英語の中から，答えとして最も適当なものを一つずつ選び，記号で答えなさい。問題は3問あります。それでは始めます。

(1) Bob, I'm free tomorrow. Let's go shopping.
　　ア　Yes, I am.　　　イ　No, you don't.　　　ウ　That's a good idea.　　エ　Nice to meet you.
　　────（繰り返し）────
(2) Mike, how long did you study last night?
　　ア　Every night.　　イ　For two hours.　　　ウ　At ten thirty.　　　エ　On Monday.
　　────（繰り返し）────
(3) Excuse me, I'm looking for the bookstore. Do you know where it is?
　　ア　Yes, it is.　　　イ　No, it isn't.　　　ウ　On the desk.　　　エ　In front of the hospital.
　　────（繰り返し）────

（2連続音チャイム ○–○）
問題2を見なさい。これから，表について英語で質問します。その答えとして最も適当なものを，表の中から抜き出して答えなさい。それでは始めます。

(1) Tom is at Green Station and wants to go to Spring Station by train. It's 9:15 now. He needs to get to Spring Station by 10:00. He can use only 2 dollars to get there. Which train will he use?
　　────（繰り返し）────
(2) Ken is going to see a movie this afternoon. He likes drama and sports movies better than animal movies. He wants to see a foreign movie. What time does the movie he wants to see start?
　　────（繰り返し）────

（2連続音チャイム ○–○）
問題3を見なさい。これから，中学生の美佳と留学生のケビンが対話をします。その対話の後で，「クエスチョン（Question）」と言って英語で質問します。その答えとして最も適当なものをア，イ，ウ，エの中から一つずつ選び，記号で答えなさい。それでは始めます。

Kevin: Hi, Mika. Do you have some time?
Mika: Yes, what's up, Kevin?
Kevin: I can speak Japanese, but it is very difficult for me to write it. How can I practice writing Japanese?
Mika: Well, when I was studying English, I found a good way to practice writing.
Kevin: Really? What was it?
Mika: I wrote many letters in English to my friends in America. I enjoyed it very much and now writing English is not so difficult.
Kevin: Oh, I can write letters too. I will write one in Japanese to the teacher who taught me in Australia. I will tell her that I am enjoying my new school in Japan.
Mika: Good! It's important for you to write Japanese for communication. People often say, "*If you want to swim well, practice swimming in the water.*"
Kevin: Now I know. I will use Japanese with other people more.

　　Question 1　Does Kevin think it is difficult to write Japanese?
　　Question 2　How did Mika practice writing English?
　　Question 3　Mika said, "*If you want to swim well, practice swimming in the water.*" What did she want to tell Kevin with these words?

「2回目」────（繰り返し）────

（2連続音チャイム ○–○）
問題4を見なさい。
〈問1〉これから，和也が国際交流センターでのイベント〔カルチャー・デイ〕で，チラシを見ながら説明を受けます。それを聞いて，(1)から(3)の質問に答えなさい。(1)はア，イ，ウ，エの中から一つ選び記号で，(2)はカッコ内にそれぞれ1語の英語で，(3)は4語以上の英語で答えなさい。なお，説明の後には，記入の時間が約40秒ずつあります。それでは始めます。

　　Welcome to Culture Day. My name is Eddy and I'm from Canada. Today you can enjoy a lot of things with people from four different countries, Canada, China, France, and India. There are three things you can do, eating, learning, and talking with new friends.
　　First, in the Cooking Room, you can eat food from India. Please find a food you like.
　　Second, from one o'clock in the Art Room, people from China, France, and India will show you a lot of interesting pictures of festivals in their countries. You can enjoy learning about these festivals.
　　Third, at two o'clock, you can meet and talk with students from Canada in the Gym. They are going to talk about their school in Canada. If you have any questions, you can ask them there. Before you meet them in the Gym, you need to go to the Office and make a name card.
　　Have a good time at Culture Day.
「答えを記入しなさい。」

「2回目」────（繰り返し）────

〈問2〉これから英語で質問と指示をします。その指示にしたがって4語以上の英語で文を書きなさい。なお，質問と指示を2回繰り返した後，記入の時間が約40秒あります。それでは始めます。

　　What do you want to ask about a student's life in Canada? Write one question to ask the students from Canada.

「2回目」────（繰り返し）────
「答えを記入しなさい。」

過去問題 A

解答例

```
1  No. 1 . C    No. 2 . D    No. 3 . A
2  No. 1 . B    No. 2 . A
3  No. 1 . B    No. 2 . C
4  No. 1 . ①future  ②popular
   No. 2 . ①February  ②birthday
```

解説

1 No. 1 少女の最後の発言，Did you finish it?「それを終わらせたの?」への返事だから，C「うん，終わらせたよ」が適当。

No. 2 男性の最後の発言，How long does it take from here?「ここからどのくらい時間がかかりますか?」への返事だから，D「数分かかります（すぐですよ）」が適当。 ・a few「少しの」

No. 3 少年の最後の発言，It's by the window.「窓の側にあったよ」への返事だから，A「誰かが動かしたのね」が適当。 ・by～「～の側に」

2 【放送文の要約】参照。

No. 1 質問「天気が良ければ，彼らは明日の午後に何をしますか?」…ケンの2回目の発言より，Bが適当。

【放送文の要約】

ナナミ：こんにちは。

ケン　：やあ，ナナミ。調子はどう?今日，学校に来なかったね。明日の授業について伝えることがあって，電話したんだ。

ナナミ：まあ，ありがとう，ケン。今は気分が良くなったわ。

ケン　：良かったね。僕たちは午後，一緒に写真を撮るんだ。雨なら，英語と音楽の授業があるよ。

ナナミ：わかったわ。教えてくれてありがとう。

ケン　：どういたしまして。明日は学校に来られるといいね。

No. 2 質問「彼らはどこで昼食を食べましたか?」…Aの山の上にある寺が適当。

【放送文の要約】

昨日，私はロンドン出身の友達と地元の町を散策して楽しみました。まず，ナンソウ寺を訪れるために山へ行きました。私の友達は日本の伝統的なものが大好きです。私たちはそこで昼食を食べました。それから，美しい花々を見に菜の花公園へ行きました。その後，駅に戻りました。来週は，スタジアムでサッカーの試合を見ます。

3 【放送文の要約】参照。

No. 1 質問「次の週末，パークにはいくつの博物館がありますか?」…放送文3，4文目より，Bの4つが適当。

【放送文の要約】

皆さんは，何か目新しいもの，あるいは興味深いものをお探しでしょうか?私たちのパークは，そんな皆さんにうってつけです。私たちのパークには，美術館，歴史博物館，スポーツミュージアムがあります。来週の金曜日，新しい博物館が開館します。それはコンピュータミュージアムで，市内で1番大きなミュージアムになります。多種多様なコンピュータを取り揃えています。その幾つかは，皆さんが今までに見たことがないものだと思います。パークはアオゾラ駅の正面にあり，そこからたった5分です。すぐのご来園をお待ちしています!

No. 2 質問「サムの祖父の家から早く家に戻ったのは誰ですか?」…サムの3回目の発言より，Cが適当。

【放送文の要約】

メグ：こんにちは，サム。週末はどうだった?

サム：おもしろかったよ。祖父に会いに行って，祖父の家に泊まったんだ。

メグ：良かったわね。そこには誰かと一緒に行ったの?

サム：家族と行ったんだ。

メグ：いいわね!おじいちゃんはあなたたちに会えて嬉しかったんじゃない?

サム：うん，でも姉（妹）は日曜日にダンスの練習があって，母や僕よりも早く，父と家に帰ったんだ。

4 【放送文の要約】参照。

No. 1 「エミの夢は，父親のレストランで働いて，①将来(=future)，父親の手助けをすることです。父親の料理は素晴らしく，②人気があり(=popular)ます。大勢の人が父親の料理を食べにレストランを訪れます」

No. 2 「トムが大好きな月は①2月(=February)です。彼は友達と雪の中で遊びます。彼は5月も好きです。なぜなら，彼の②誕生日(=birthday)はその月にあり，家族が彼にプレゼントをくれるからです」

【放送文の要約】

No. 1 エミは将来，父親のレストランで働きたいと思っています。彼女の父親はとても人気がある素晴らしい料理をつくります。父親はいつも多忙です。なぜなら父親の料理を食べに，大勢の人々がレストランに来るからです。それでエミは父親を助けたいと思っています。

No. 2 2月はトムが大好きな月です。彼は寒い季節が好きで，友達と雪の中で遊んで楽しんでいます。彼は5月も好きです。なぜなら彼はその月に生まれたので，家族からプレゼントをもらえるからです。

過去問題B

解答例

```
1  No.1．D    No.2．A    No.3．B
2  No.1．C    No.2．D
3  No.1．B    No.2．A
4  No.1．①beautiful  ②January
   No.2．①stories   ②taught
```

解説

1　No.1　女性の最後の発言，Thank you.「ありがとう」への返事だから，D「どういたしまして」が適当。　　No.2　ジョーンズ先生の最後の発言，Are you ready to begin your speech?「スピーチを始める準備はできた？」への返事だから，A「はい，いつでもできます」が適当。　　No.3　アマンダの最後の発言，I just got a letter from my best friend in the U.S.「アメリカにいる親友からの手紙をちょうど受け取ったところなの」への返事だから，B「それを聞いて嬉しいよ（良かったね）」が適当。

2　【日本語訳】参照。

No.1　質問「少女が買いたいものは何ですか？」…少女の2回目の発言より，Cの虫メガネが適当。

【日本語訳】

男性：こんにちは。何かお探しですか？

少女：買いたいものがあるのですが…。明日の理科の時間で使うのですが，英語でそれを何と言うのかわかりません。

男性：なるほど。それはどんなものか言ってもらえますか？

少女：えっと，何かを大きくしたい時に使います。違うわ…つまり，それを通して見ると，何でも大きく見えるんです。それを使って学校の花壇の花を観察できます。そして，それは小さなバッグにも入ります。

男性：OK。分かったと思います。それをお持ちしますね。

No.2　質問「明日とあさっての天気はどうなりますか？」…Dの「明日は晴れで気温が上昇，あさっては風が強く気温が下降」が適当。

【日本語訳】

こちらはラジオ千葉です。天気をお伝えします。あと一日で春になりそうです。明日は今月で最も暖かい日になるでしょう。一日中晴れて，風も強くないでしょう。しかし，あさってはまた寒くなりそうです。その寒さは3，4日続きそうです。雨が降ることはないですが，あさっては風が強いでしょう。

3　【日本語訳】参照。

No.1　質問「男性は何をしたいでしょうか？」…男性の2回目の発言より，Bが適当。

【日本語訳】

男性：すみません。助けていただけますか？道に迷ったようです。私はこの地図のどこにいるのでしょうか？

女性：そうですね。ここですね，病院と自転車屋さんの間です。

男性：駅までのバスは，どこで乗れますか？

女性：ここです。公園の前（のバス停）で乗れますよ。この道沿いに進んで，次の角を右に曲がってください。そのままオレンジ通りを行くと着きますよ。

男性：どうもありがとうございました。

女性：お役にたててうれしいです。良い一日を。

No.2　質問「なぜ開演が遅くなるのですか？」…4文目のbecause以下の理由より，Aが適当。

【日本語訳】

ジャック・ウィリアムズの特別公演にようこそ。すでにご存知の通り，今宵は我々の世代のもう1人の偉大なミュージシャンであるアラン・ゴードンが共演いたします。ジャックとアランの2人にとっても，今回，一緒に演奏するのは初めてです！お客様がわくわくしていらっしゃることは承知しておりますが，とても多くのお客様がここにいらっしゃっておりますので，大変申し訳ないのですが，開演が少々遅れる見込みです。どうか今しばらくお待ち下さい。ご清聴ありがとうございました。

4　【日本語訳】参照。

No.1　「ジェイのケーキショップで1番人気があるケーキは，①美しい（＝beautiful）フルーツケーキです。彼は新作のパイナップルケーキを②1月（＝January）に売り始めました」

No.2　「夏目漱石は有名な作家です。彼はその生涯で多くの①物語（＝stories）を書きました。彼は作家になる前，様々な学校で英語を②教えていました（＝taught）」

①　story のように語尾が y で，その前が子音字の単語を複数形にする場合，y を i に変えて es をつけることに注意。

②　主語 he と目的語 English の間に入るのは，動詞 teach「教える」の過去形 taught が適当。

【日本語訳】

No.1　ジェイは9年前にケーキショップを開きました。彼の店の1番人気はフルーツケーキで，誰もがそれを美しいと言います。彼は常に多くの新作ケーキを作ろうと努力しています。彼は1月に新作のパイナップルケーキを売り出したばかりです。彼はそれをみんなが気に入ってくれることを期待しています。

No.2　夏目漱石は有名な日本の作家です。彼は，『こころ』，『ぼっちゃん』，『吾輩は猫である』などの作品で知られています。彼はその生涯で多くの物語を書きました。彼は作家になる前，様々な学校で英語の教師をしていました。

翔太 ：あ，No.5ウもう3時25分だ。僕の部活はあと5分で始まるよ。

ジュディ：ああ，わかったわ。楽しんでね。

翔太 ：ありがとう。また明日ね。

ジュディ：またね。

放送問題2

No.1 チャイムの直前に女性が How about this green one?「この緑色のものはいかがですか？」と尋ねたから，エ「素敵ですね」が適当。

No.2 男の子「明日は時間がある？」→女の子「ええ，何も予定がないわ」→男の子「やった！放課後，僕の教室で勉強しない？」→女の子「アいいわよ。そのときに私に数学を教えてくれない？」の流れ。アが適当。

放送問題3 【日本語訳】参照。

【日本語訳】

私は3年間，テニス部に所属していました。私は一生懸命テニスを練習しましたが，ほとんどの試合①に勝つ（＝win）ことができませんでした。私は②一度（＝once）プレーしたくないと思ったことがあります。その時，チームメイトの1人が③笑顔で（＝with a smile）私に言ってくれました。「頑張っているね」チームメイトからの親切な④メッセージ（＝message）は，私が再びプレーする後押しをしてくれました。学校生活で私はたくさんの友達ができました。彼らのことはずっと⑤覚えている（＝remember）でしょう。

実践問題A

解答例

放送問題1 No.1．ア No.2．エ No.3．イ
No.4．ウ No.5．ウ

放送問題2 No.1．エ No.2．ア

放送問題3 ①win ②once ③smile ④message
⑤remember

解説

放送問題1 【日本語訳】参照。

No.1 質問「ジュディは何の写真を持っていますか？」

No.2 質問「翔太は公園で何をするのが好きですか？」

No.3 質問「翔太はどうやって公園に行きますか？」

No.4 質問「ジュディは来年の春に何を楽しみますか？」

No.5 質問「翔太の部活は何時に始まりますか？」

【日本語訳】

翔太 ：やあ，ジュディ。明日はショーアンドテルの活動をする予定だよ。今，写真を持っている？

ジュディ：ええ，ここに1枚あるわ。見て！No.1ア美しいビーチとビーチ沿いにたくさんの建物が見られるわ。

翔太 ：素晴らしい景色だね！

ジュディ：あなたのはどう？

翔太 ：これは僕のお気に入りの公園の写真だよ。No.2エ大きな木がたくさんあって，木々の間を歩くのが好きなんだ。

ジュディ：美しいわ。このあたりにあるの？自転車で行くことができるの？

翔太 ：いや，ここからは遠すぎるよ。No.3イ僕たちはいつも車でそこに行くんだ。

ジュディ：そうなの。いつか行きたいわ。

翔太 ：行くべきだね。桜の木も見られるから春がベストシーズンだと思うな。

ジュディ：わぁ！No.4ウ日本に来てから美しい桜を見たいと思っていたの。

翔太 ：そうなの？No.4ウ来年の春は楽しんでね。

ジュディ：そうするわ。

実践問題B

1．ア　2．ア　3．ウ　4．イ
5．(1)イ　(2)エ　6．(1)ウ　(2)エ

解説

1　勇樹の質問 What kind of food do you like?「どんな種類の食べ物が好き？」への返事だから，ア「中華料理が好きよ」が適切。

2　ホワイト先生の発言の he raises one of his hands「彼は片手を上げています」と he puts his other hand on his head「彼は反対の手を頭に乗せています」より，アが適切。

3　【放送文の要約】参照。

【放送文の要約】

ベッキー：もしもし，翔太。私は今，スーパーマーケットにいるの。明日は家でパーティーをするわ。何か買ってきてほしいものはある？

翔太　：ありがとう，ベッキー。今夜ケーキを作るよ。だから，ケーキ用に牛乳１本，卵，バナナが必要だよ。

ベッキー：OK。あ，翔太，卵を買う必要はないわ。キッチンに十分な卵があると思うわ。

翔太　：ほんと？あ，君の言う通りだ。

ベッキー：お砂糖は必要？

翔太　：いいや。砂糖は十分あるよ。ありがとう，ベッキー。

ベッキー：どういたしまして。あなたが必要なものを買っていくわね。じゃあ，あとでね。

4　【放送文の要約】参照。燃えるごみ＝今日（火曜日），古紙＝金曜日，プラスチック製品＝水曜日だから，イが適切。

【放送文の要約】

ジョン：おはよう，恵子。昨晩自分の部屋を掃除して，このビニール袋の中にごみを入れたよ。次はどうすればいい？

恵子　：おはよう，ジョン。それは燃えるごみよね？今日は火曜日だから，家の前にその袋を置けばいいわ。今日，これからその袋は回収されるわ。

ジョン：わかった。古雑誌と古新聞も同じ袋に入れていいの？

恵子　：だめよ。それはリサイクルするべきよ。それら（＝古紙）の回収日は金曜日よ。

ジョン：覚えておくよ。そうだ，ペットボトルがここにあるよ。ペットボトル用の別の袋があるの？ペットボトルもリサイクルできるよね？

恵子　：ええ。でもプラスチック製品の日は明日なの。これがそれ用の袋よ。はいどうぞ。

ジョン：ありがとう，恵子。

5　【放送文の要約】参照。(1) 質問「動物園は今日，何回来園者に赤ちゃんたちを見せますか？」…イ「２回」が適切。　(2) 質問「来園者にできる，赤ちゃんたちの助けになることとは何ですか？」…エ「赤ちゃんたちに関する本を購入すること」が適切。

【放送文の要約】

ライオンエリアにお越しいただきありがとうございます。今１時です。まもなくここで２頭のライオンの赤ちゃんをご覧いただけ

ます。とても小さくてかわいいですよ。赤ちゃんたちは３か月前に生まれました。彼らは普段，ほとんど１日中寝ていて，時々別の部屋でミルクを飲みます。彼らはまだエサを食べることができませんが，ミルクは大好きです。あ，彼らが来ます。申し訳ありませんが，カメラやスマートフォンは使わないでください。強い光は赤ちゃんたちにとって良くないので，さあ，やってきました！⑴ィ今日赤ちゃんたちを見ることができるのはこれが初めてです。赤ちゃんたちは今から 30 分後に自分の部屋に戻っていきます。でも今日はもう１度見る機会があります。⑴ィ赤ちゃんたちは午後４時にもう１度ここに戻ってきます。もし赤ちゃんたちについてもっと知りたければ，門の近くのお店で彼らについての本を購入できます。⑵ェ売上は赤ちゃんたちのお世話に使われるので，本を購入していただけると助かります。当動物園で素晴らしい１日をお過ごしください。ありがとうございました。

6　【放送文の要約】参照。

(1) 質問「体へのエネルギーとして，浩二はエミリーに何をあげましたか？」…ウ「チョコレート」が適切。

(2) 質問「会話を通して浩二は何に気づきましたか？」…浩二の６回目の発言より，エ「心にエネルギーを補給することも大切である」が適切。　ア×「冷たい飲み物を飲むことは彼の疲れた体にとって良いことだ」　イ×「景色を楽しむことは彼の体にエネルギーを補給する簡単な方法だ」…本文にない内容。　ウ×「山でリラックスするために最適な方法を見つけるのは難しい」…本文にない内容。

【放送文の要約】

エミリー：がんばって，浩二。疲れちゃったの？

浩二　：うん，エミリー。ちょっと待って。休憩したいよ。

エミリー：OK。ここで休憩しましょう。温かいお茶をあげるわ。

浩二　：ありがとう。あ，地図を見て。僕たちはもうこのポイントにいるんだね。

エミリー：そうね。でも頂上に辿り着くにはあと１時間かかりそうね。エネルギーが必要だわ。浩二，あなたは疲れたとき，どうやってエネルギーを補給するの？

浩二　：温かいお茶を飲んだりおいしいチョコレートを食べたりするのがすごく体にいい気がするよ。僕はいつもお気に入りのチョコレートを持ち歩いてるよ。

エミリー：⑴ゥ私もチョコレートが大好きよ。少しくれる？リラックスするにはチョコレートがうってつけね。

浩二　：⑴ゥいいよ。はい，どうぞ。君はどうやってエネルギーを補給するの，エミリー？

エミリー：それぞれの場所からの景色を楽しむのが大事だと思うわ。見て。ここみたいな高い場所からだとさまざまなものが見えるわ。

浩二　：なるほど。君は景色からエネルギーを補給するんだね？

エミリー：そうよ。私は高い場所からの景色が好きなの。進んできた道を振り返って考えると，今までの努力を実感できるわ。

浩二　：君は心へのエネルギー補給について話しているんだね。⑵ェ今は，心へのエネルギー補給は体へのエネルギー補給と同じくらい大事だと思うよ。

エミリー：その通りよ！あら，元気になったみたいね，浩二。今は気分がいいでしょ？

浩二　：うん，準備が整ったよ！さあ，出発しよう！

実践問題C

解答例

問題1 (1)ウ　(2)イ　(3)エ

問題2 (1)(Train) C　(2)16:00

問題3 (1)ア　(2)ウ　(3)ウ

問題4 問1．(1)エ　(2)interesting／pictures
(3)He needs to make a name card.
問2．（例文）What time does school start in Canada?

解説

問題1

(1) 「ボブ，明日は暇だわ。買い物に行きましょう」…ウ「それは良い考えだね」が適当。　(2) 「マイク，昨夜どのくらい勉強した？」…イ「2時間だよ」が適当。　(3) 「すみません，書店を探しています。どこにあるかわかりますか？」…エ「病院の前です」が適当。

問題2

(1)「トムはグリーン駅にいて，電車でスプリング駅に行きたいと思っています。今，9時15分です。彼は10時までにスプリング駅に着く必要があります。彼はそこに到達するのにたった2ドルしか使えません。彼はどの電車を使いますか？」…グリーン駅発が9時15分よりも後，スプリング駅着が10時より前，値段が2ドルのCが適当。　(2) 「ケンは今日の午後に映画を見に行く予定です。彼は動物映画よりもドラマやスポーツ映画が好きです。彼は外国映画を見たいと思っています。彼が見たい映画は何時に始まりますか？」…午後の映画では，外国のスポーツ映画が16:00に始まる。

問題3 【日本語訳】参照。

(1) 「ケビンは日本語を書くのが難しいと思っていますか？」　(2) 「美佳はどのように英語を書く練習をしましたか？」　(3) 「美佳は『上手に泳ぎたいなら水の中で泳ぐ練習をしなさい』と言いました。彼女はこれらの言葉でケビンに何を伝えたかったのですか？」

【日本語訳】

ケビン：やあ，美佳。時間はある？

美佳　：ええ，どうしたの，ケビン？

ケビン：(1)ア日本語を話せるんだけど，書くのはとても難しいよ。どのように日本語を書く練習をしたらいいかな？

美佳　：私が英語を勉強していたとき書く練習になる良い方法を見つけたわ。

ケビン：本当に？それはどんな方法？

美佳　：(2)ウアメリカの友達に英語で手紙をたくさん書いたわ。とても楽しかったし，今では英語を書くのがそれほど難しくなくなったの。

ケビン：ああ，僕も手紙なら書けるよ。オーストラリアで担当してくれた先生に日本語で書くよ。彼女に日本で新しい学校生活を楽しんでいるって伝えるよ。

美佳　：いいわね！(3)ウコミュニケーションのために日本語を書くことが重要だわ。「上手に泳ぎたいなら，水の中で泳ぐ練習をしなさい」ってよく言うものね。

ケビン：わかったよ。他の人との間でもっと日本語を使うよ。

問題4 【日本語訳】参照。

問1(1) 「和也はクッキングルームでどの国の食べ物を食べることができますか？」　(2) 「和也はアートルームで1時から何を見ることができますか？」…「彼はお祭りの興味深い写真（＝interesting pictures）をたくさん見ることができる」が適当。　(3) 「和也は体育館でカナダから来た生徒たちと対面するつもりです。その前に事務所で何をする必要がありますか？」…「名前カードを作る必要がある（＝He needs to make a name card.）」が適当。

問2 「カナダでの学生生活について，あなたは何を尋ねたいですか？カナダから来た生徒に尋ねる質問を書きなさい」…無理に難しい単語を使う必要はないので，書ける単語を使って文を作ろう。4語以上の条件を守ること。（例文の訳）「カナダでは，学校は何時に始まりますか？」

【日本語訳】

カルチャー・デイへようこそ。私の名前はエディです。カナダから来ました。今日は，カナダ，中国，フランス，インドの4か国の人と多くのことをして楽しむことができます。食べること，学ぶこと，新しい友達と話すことの3つができます。

まず，(1)エクッキングルームで，インドの食べ物を食べることができます。好みの食べ物を見つけてください。

次に，(2)1時からアートルームでは，中国，フランス，インドの人が，それぞれの国のお祭りの興味深い写真をたくさん見せてくれます。これらのお祭りについて学んで楽しむことができます。

3つ目に，2時に体育館でカナダの学生と対面して話すことができます。彼らはカナダの学校について話してくれます。質問があれば，そこで彼らに尋ねてみてください。体育館で対面する前に，(3)事務所に行って名前カードを作る必要があります。

カルチャー・デイで楽しい時間をお過ごしください。

高校入試対策

英語リスニング練習問題

解　答　集

contents

入試本番に向けて ………………………………… 1

この解答集の特長と使い方 ……………………… 2

第1章　絵・グラフ ……………………………… 3 ～ 10

第2章　次の一言 ………………………………… 11 ～ 14

第3章　対話や英文と質問（1つ）………………… 15 ～ 20

第4章　語句を入れる …………………………… 21 ～ 24

第5章　対話と質問（複数）……………………… 25 ～ 28

第6章　英文と質問（複数）……………………… 29 ～ 32

第7章　作文 ……………………………………… 33 ～ 36

覚えたい表現　まとめ …………………………… 37 ～ 38

聞き違いをしやすい表現 ………………………… 39

※**問題は別冊です**

教英出版

入試本番に向けて

入試本番までにしておくこと

入試本番までに志望校の過去問を使って出題パターンを把握しておこう。英語リスニング問題は学校ごとに出題傾向があります。受験する学校の出題パターンに慣れておくことが重要です。

リスニング開始直前のチェックポイント

音声が流れるまでに問題文全体にざっと目を通そう。それぞれの問題で話題となる場面や登場人物をチェックしておこう。

☑ イラストを check！

英語リスニング問題ではイラストやグラフが使われることが多くあります。イラストなら共通点と相違点を見つけて，放送される事がらを予想しておこう。グラフならたて軸とよこ軸が何を表しているかを見ておこう。

☑ 選択肢を check！

英文を選ぶ問題では，選択肢の登場人物，場所，日時などを事前に見つけ出して○やアンダーラインなどの"しるし"をつけておこう。また，選択肢の共通点と相違点を見つけて質問を予想しておこう。

☑ 数字表現を check！

英語リスニング問題で必ず出題されるのが数字表現です。問題に数を表したイラストや時間を表す単語などがあるときは，数字を意識して解く問題だと予想しておこう。あらかじめ，問題文の英単語を数字に置きかえてメモしておく（fifteen → 15）とよい。

リスニング本番中の心構え

☑ メモにとらわれない！

英語リスニング問題ではほとんどの場合，「放送中にメモを取ってもかまいません。」という案内があります。特に，長文を聴き取らなくてはならないときはメモは不可欠です。ただし，メモを取るときに注意すべきことがあります。それは，メモを取ることに集中しすぎて音声を聴き逃さないことです。○やアンダーラインなど自分がわかる"しるし"をうまく活用して，「聴く」ことから気をそらさないようにしよう。

☑ ２回目は聴き方を変える！

放送文が１回しか読まれない入試問題もありますが，多くの場合は質問も含めて２回繰り返して読まれます。２回繰り返して読まれるときは，１回目と２回目で聴き方を変えます。１回目は状況や場面を意識し，（質問が先に放送される場合は，）２回目は質問に合う答えを出すことを意識しよう。１回目で答えがわかったときは，２回目は聴き違いがないか消去法を使って確実に聴き取ろう。

この解答集の特長と使い方

問題を解き終えたら，基本問題集（別冊）P1 ～ P2 の手順で答え合わせと復習をしよう。
解答集の左側のページにある QR コードを読み取ると，そのページの**さらに詳しい解説**を見ることができます。

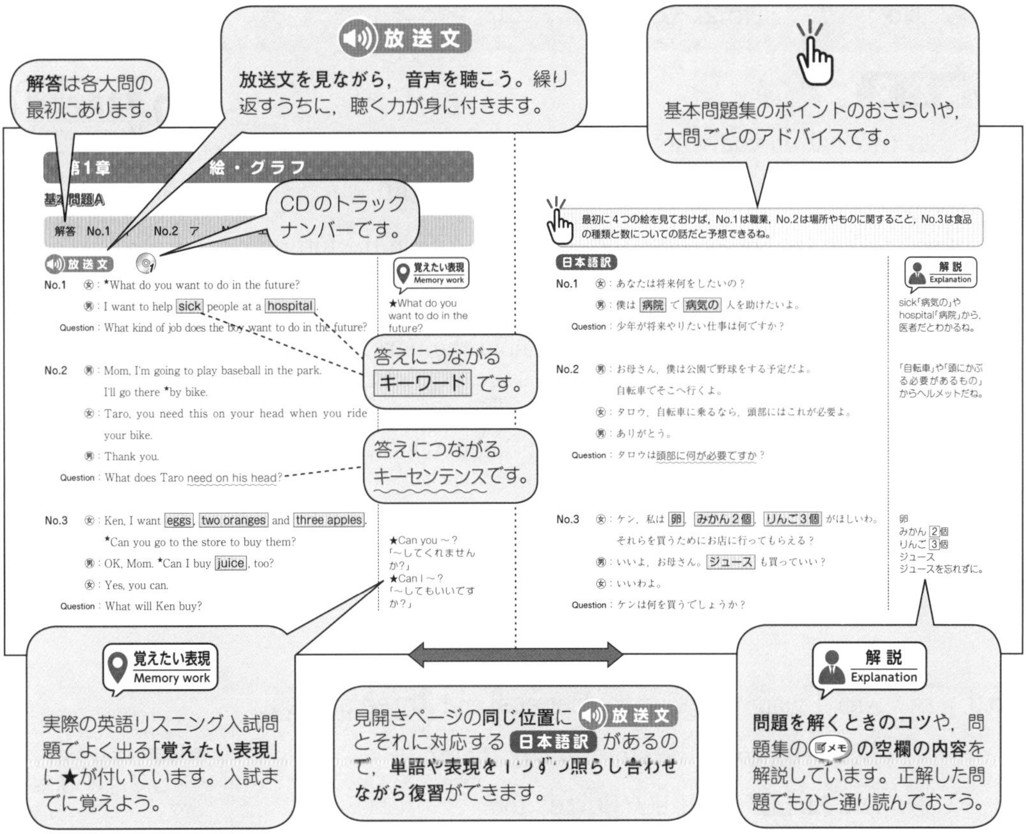

覚えたい表現 Memory work　まとめ　（P37 ～ 38）

「覚えたい表現」をおさらいしておこう。
このページの QR コードを読み取ると，グループ分けした**「覚えたい表現」**を見ることができます。

聞き違いをしやすい表現 Easy to mistake　（P39）

「聞き違いをしやすい表現」を知っておこう。
このページの音声はＣＤや教英出版ウェブサイトで聴くことができます。

もっと リスニング力 をつけるには

音声に合わせてシャドーイング（発音）してみよう！

正しい発音ができるようになると聴く力もぐんと上がります。まずは自分のペースで放送文を声に出して読んでみよう。次に音声に合わせて発音していこう。最初は聴こえたまま声に出し，慣れてきたら正しい発音を意識しよう。繰り返すうちに，おのずと正しい発音を聴き取る耳が鍛えられます。

音声を聴きながらディクテーション（書き取り）してみよう！

聴こえた英文を書き取る練習をしよう。何度も聴いて文が完成するまでトライしよう。聴き取れなかった単語や文がはっきりするので，弱点の克服につながります。また，英語を書く力も鍛えられます。

← さらに詳しい解説

第1章　　　　　絵・グラフ

基本問題A

解答　No.1　イ　　No.2　ア　　No.3　エ

 放送文 🔘**1**

No.1　㊛：★What do you want to do in the future?

　　　㊚：I want to help sick people at a hospital .

　　　Question：What kind of job does the boy want to do in the future?

No.2　㊚：Mom, I'm going to play baseball in the park.

　　　　　I'll go there ★by bike.

　　　㊛：Taro, you need this on your head when you ride your bike.

　　　㊚：Thank you.

　　　Question：What does Taro need on his head?

No.3　㊛：Ken, I want eggs , two oranges and three apples .

　　　　　★Can you go to the store to buy them?

　　　㊚：OK, Mom. ★Can I buy juice , too?

　　　㊛：Yes, you can.

　　　Question：What will Ken buy?

📍 **覚えたい表現**
Memory work

★What do you want to do in the future?
「あなたは将来何をしたいですか?」

★by bike
「自転車で」

★Can you ～?
「～してくれませんか?」
★Can I ～?
「～してもいいですか?」

基本問題B

解答　No.1　ア　　No.2　イ　　No.3　ア　　No.4　イ

 放送文 🔘**2**

No.1　A man is ★looking at a clock on the wall .

　　　Question：Which person is the man?

No.2　It was snowing this morning, so I couldn't go to school

　　　by bike. I ★had to walk.

　　　Question：How did the boy go to school this morning?

📍 **覚えたい表現**
Memory work

★look at ～
「～を見る」

★have to ～
「～しなければならない」

最初に4つの絵を見ておけば，No.1は職業，No.2は場所やものに関すること，No.3は食品の種類と数についての話だと予想できるね。

No.1　女：あなたは将来何をしたいの？

　　　　男：僕は 病院 で 病気の 人を助けたいよ。

　　Question：少年が将来やりたい仕事は何ですか？

sick「病気の」やhospital「病院」から，医者だとわかるね。

No.2　男：お母さん，僕は公園で野球をする予定だよ。

　　　　　　自転車でそこへ行くよ。

　　　　女：タロウ，自転車に乗るなら，頭部にはこれが必要よ。

　　　　男：ありがとう。

　　Question：タロウは頭部に何が必要ですか？

「自転車」や「頭にかぶる必要があるもの」からヘルメットだね。

No.3　女：ケン，私は 卵 ，みかん2個 ，りんご3個 がほしいわ。

　　　　　　それらを買うためにお店に行ってもらえる？

　　　　男：いいよ，お母さん。ジュース も買っていい？

　　　　女：いいわよ。

　　Question：ケンは何を買うでしょうか？

卵
みかん 2 個
りんご 3 個
ジュース
ジュースを忘れずに。

4つの絵を見比べて，メモする内容を予想できたかな？ No.1は男性がしていること，No.2は天気と移動手段，No.3は少年の体調，No.4は時刻だね。

No.1　男性が 壁 の 時計 を見ています。

　　Question：その男性はどの人ですか？

clock「掛け時計／置き時計」より，アだね。

No.2　今朝は 雪が降って いたので，私は学校に自転車で行けませんでした。私は歩かなければなりませんでした。

　　Question：その少年は今朝，どうやって学校へ行きましたか？

"snowing"，"walk"が聞き取れれば，イとわかるね。

← さらに詳しい解説

No.3　⼥：★What's the matter?

　　　男：Well, I've had a stomachache since this morning.
　　　　　I didn't have it ★last night.

　　　⼥：That's too bad. Are you all right?

　　Question：When did the boy have a stomachache?

覚えたい表現
Memory work

★What's the matter?
「どうしたの？」
★last night「昨夜」

No.4　⼥：Good morning, Kanta. Did you sleep well last night?

　　　男：Yes, Judy. I ★went to bed at eleven last night and ★got
　　　　　up at seven this morning .

　　　⼥：Good. I could only sleep ★for six hours.

　　Question：What time did Kanta get up this morning ?

★go to bed
「寝る」
★get up「起きる」

★for 〜（期間を表す言葉）「〜の間」

練習問題A

| 解答 | No.1 ア | No.2 エ | No.3 ア | No.4 ウ |

 放送文　

No.1　⼥：Ah, I hope it will ★stop raining soon.

　　　男：It was sunny yesterday.

　　　⼥：Yes. But the TV says we will have snow this
　　　　　afternoon.

　　　男：Really? ★How about tomorrow ?

　　　⼥：It will be cloudy.

　　Question：How will the weather be tomorrow ?

覚えたい表現
Memory work

★stop 〜 ing
「〜することをやめる」

★How about 〜？
「〜はどうですか？」

No.2　男：★Thank you for giving me a birthday present, Mary.
　　　　　I like the bag very much.

　　　⼥：I'm happy you like it, Kenta.
　　　　　Oh, you're wearing a nice T-shirt today.

　　　男：This is a birthday present from my sister.
　　　　　And my mother made a birthday cake ★for me.

　　　⼥：Great. But you wanted a computer, right?

　　　男：Yes, I got one from my father !

　　Question：What did Kenta get from his father ?

★Thank you for 〜 ing.
「〜してくれてありがとう」

★for 〜（対象を表す言葉）「〜のために」

No.3
女：どうしたの？

男：うーん，今朝からずっとお腹が痛いんです。
昨夜は痛くなかったのですが。

女：それは大変ね。大丈夫？

Question：少年はいつお腹が痛かったですか？

解 説
Explanation

昨夜
お腹が痛くない。
今朝
お腹が痛い。

No.4
女：おはよう，カンタ。昨夜はよく眠れた？

男：うん，ジュディ。昨夜は11時に寝て，今朝は7時に起きたよ。

女：いいね。私は6時間しか眠れなかったわ。

Question：カンタは今朝何時に起きましたか？

質問に
this morning「今朝」
とあるから起きた時
刻の午前7時だね。

No.1は天気，No.2は誕生日プレゼント，No.3は時刻，No.4はクラスのアンケート結果について メモしよう。No.3は計算が必要だね。

日本語訳

No.1
女：ああ，すぐに雨が止んでほしいわ。

男：昨日は晴れていたのに。

女：ええ。でもテレビによると，今日の午後は雪らしいわ。

男：本当に？ 明日はどう？

女：くもりらしいわ。

Question：明日の天気はどうですか？

解 説
Explanation

昨日：晴れ
現在：雨
今日午後：雪
明日：くもり
質問はtomorrow
「明日」だからくもり
だね。

No.2
男：誕生日プレゼントをありがとう，メアリー。
バッグをとても気に入ったよ。

女：気に入ってくれてよかったわ，ケンタ。
あら，今日は素敵なTシャツを着ているわね。

男：これは姉(妹)からの誕生日プレゼントなんだ。
母も僕のために誕生日ケーキを作ってくれたんだ。

女：すてき。でもあなたはパソコンがほしかったんでしょ？

男：そうだよ，父からもらったよ！

Question：ケンタは父から何をもらいましたか？

メアリー：バッグ
姉(妹)：Tシャツ
母：誕生日ケーキ
父：パソコン
質問はfather「父」か
らもらったものだか
ら，パソコンだね。

No.3 女：The movie will start at 11:00.

★What time shall we meet tomorrow, Daiki?

男：How about meeting at the station at 10:30, Nancy?

女：Well, I want to go to a bookstore with you before the movie starts. Can we meet earlier?

男：All right. Let's meet at the station fifty minutes before the movie starts.

女：OK. See you tomorrow!

Question：What time will Daiki and Nancy meet at the station?

覚えたい表現
Memory work

★What time shall we meet?
「何時に待ち合わせようか？」

No.4 女：Tsubasa, look at this!

We can see the most popular sports in each class.

男：Soccer is ★the most popular in my class, Mary.

女：Soccer is popular in my class, too.
But volleyball is more popular.

男：I see. And many of my classmates want to play softball. I want to try it, too!

女：Really? ★No students in my class want to play softball.

Question：Which is Mary's class?

★the＋最上級＋in＋○○
「○○の中で最も…」

★no＋人
「(人)が1人もいない」

練習問題B

解答 No.1 ア No.2 ウ No.3 ア No.4 ウ

No.1 女：Kota, what a nice room!

男：Thank you! Do you know what this is, Judy?

女：No. ★I've never seen it before. Is it a table?

男：Yes, but this is not just a table.
This also ★keeps us warm in winter.

Question：What are they talking about?

覚えたい表現
Memory work

★I've never 〜.
「私は一度も〜したことがない」

★keep＋人／もの＋状態「(人／もの)を(状態)に保つ」

No.3

女：映画は11時に始まるわ。

　　明日は何時に待ち合わせようか，ダイキ？

男：10時半に駅で待ち合わせるのはどう，ナンシー？

女：そうねぇ，私は映画が始まる前にあなたと書店に行きたいわ。

　　もっと早く待ち合わせできる？

男：いいよ。映画が始まる50分前に駅で会おう。

女：わかったわ。また明日ね！

Question：ダイキとナンシーは何時に駅で待ち合わせますか？

解説
Explanation

11時に映画が始まる。その50分前に待ち合わせるから，アの「10時10分」だね。fifty「50」は前にアクセント，fifteen「15」は後ろにアクセントがあるよ。

No.4

女：ツバサ，これを見て！

　　それぞれのクラスで1番人気のあるスポーツがわかるわ。

男：僕のクラスではサッカーが1番人気だね，メアリー。

女：サッカーは私のクラスでも人気よ。

　　でも，バレーボールの方がもっと人気だわ。

男：そうだね。それから，僕のクラスメートの多くはソフトボールをやりたいようだよ。僕もやってみたいな！

女：本当？私のクラスではソフトボールをやりたい生徒はいないわ。

Question：メアリーのクラスはどれですか？

ツバサのクラス：
サッカーが1位
ソフトボールが人気

メアリーのクラス：
サッカーよりバレーボールが人気
ソフトボールが0人

グラフの問題の音声を聞くときは，1番多い（少ない）もの，増加，減少などをメモしよう。消去法も有効だよ。

日本語訳

No.1

女：コウタ，何て素敵な部屋なの！

男：ありがとう！これは何か知ってる，ジュディ？

女：いいえ。一度も見たことがないわ。テーブルかしら？

男：そうだよ，でもこれはただのテーブルではないんだ。

　　これは冬に僕らを温めてもくれるんだ。

Question：彼らは何について話していますか？

解説
Explanation

ただのテーブルではなく，温めてくれるもの→「こたつ」だね。

← さらに詳しい解説

No.2 男：Kate, this is a picture of our music band.

We played some songs at the *school festival this year.

It was a wonderful time for us!

女：You *look excited, Hiroshi.

Who is the student playing the guitar *next to you?

男：He is Ryosuke. He plays the guitar well, and the other student playing the guitar is Taro.

女：I see. The student playing the drums is Takuya, right?

*I hear he *is good at singing, too.

Question：Which boy is Hiroshi?

> **覚えたい表現**
> Memory work
>
> ★school festival
> 「学園祭」
> ★look 〜
> 「〜のように見える」
> ★next to 〜
> 「〜のとなりに」
>
> ★I hear (that) 〜.
> 「〜だそうだ」
> ★be good at 〜 ing
> 「〜することが得意だ」

No.3 It was interesting to know what activity you enjoyed the best in my English class.

I *was glad to know that *over ten students chose *making speeches. Eight students chose reading stories, and *the same number of students chose writing diaries.

Maybe you can guess the most popular activity among you. It was listening to English songs.

I hope you will *keep enjoying English.

Question：Which graph is the speaker explaining?

> ★be glad to 〜
> 「〜してうれしい」
> ★over 〜「〜以上」
> ★make a speech
> 「スピーチをする」
> ★the number of 〜
> 「〜の数」
>
> ★keep 〜 ing
> 「〜し続ける」

No.4 Look at the graph.

This is a graph of the number of visitors to the art museum which was built in 2014 in our city.

The number kept *going up until 2016.

But the next year, it *went down 20%.

The numbers in 2017 and 2018 were the same.

Question：Which graph is the speaker explaining?

> ★go up「増加する」
>
> ★go down
> 「減少する」

No.2 　男：ケイト，これは僕らの音楽バンドの写真だよ。

　　　　僕らは今年学園祭で何曲か演奏したんだ。

　　　　僕らにとってすばらしい時間だったよ！

　　　女：興奮しているようね，ヒロシ。

　　　　あなたのとなりでギターを弾いているのは誰？

　　　男：彼はリョウスケだよ。彼はギターが上手なんだ，そしても

　　　　う1人，ギターを弾いているのがタロウだよ。

　　　女：そうなの。ドラムをたたいているのはタクヤね？

　　　　彼は歌も上手だそうね。

　Question：どの少年がヒロシですか？

解説
Explanation

ギター：
リョウスケとタロウ
ドラム：タクヤ
ヒロシはリョウスケ
のとなりにいる**ウ**だ
ね。

No.3 　私の英語の授業の中で，みなさんが何の活動を一番楽しんだか

　　がわかって興味深かったです。

　　私は，10人以上の生徒がスピーチをすることを選んでくれたと

　　知って，うれしく思いました。8人の生徒が物語を読むことを

　　選び，同じ人数の生徒が日記を書くことを選びました。

　　みなさんのあいだで一番人気があったものはたぶん想像がつく

　　と思います。

　　英語の歌を聞くことでした。

　　これからもずっと英語を楽しんでほしいです。

　Question：話し手が説明しているのはどのグラフですか？

音声を聞く前にグラ
フの項目名を見てお
こう。
スピーチ：10人以上
物語：8人
日記：物語と同じ人数
英語の歌：最も人気

これらの情報から**ア**
を選べるね。

No.4 　グラフを見て下さい。

　　これは，2014年に私たちの市に建てられた美術館の，来場者数

　　のグラフです。

　　その数は2016年まで増加し続けました。

　　しかし，次の年に20％減少しました。

　　2017年と2018年は同数でした。

　Question：話し手が説明しているのはどのグラフですか？

増減に着目しよう。
「2016年まで増加」
「2017年と2018年は
同数」より，**ウ**だね。

第2章　　　次の一言

基本問題

解答　No.1　イ　　No.2　ウ　　No.3　イ　　No.4　ア

放送文　🎵5

No.1　女：★Have you ever been to a foreign country?

　　　男：Yes. I went to Australia last year.

　　　女：Oh, I see. How long did you stay there?

ア　By plane.	① For six days.	ウ　With my family.

No.2　女：★May I help you?

　　　男：Yes, I'm ★looking for a blue jacket.

　　　女：How about this one?

ア　Here you are.	イ　I'm just looking.	⑦ It's too expensive for me.

No.3　女：★What are you going to do this weekend?

　　　男：I'm going to ★go fishing in the sea with my father if it's sunny.

　　　女：Really? That will be fun.

ア　Sorry, I'm busy.	① I hope the weather will be nice.
ウ　Nice to meet you.	

No.4　女：Hello.

　　　男：Hello, this is Mike. ★May I speak to Yoko?

　　　女：I'm sorry. She isn't at home now.

⑦ OK. I'll call again later.	イ　Shall I take a message?
ウ　Hello, Yoko. How are you?	

📍 **覚えたい表現**
Memory work

★Have you ever been to ～?
「～に行ったことがありますか？」

★May I help you?
「お手伝いしましょうか？／いらっしゃいませ」
★look for ～
「～を探す」

★What are you going to do?
「何をするつもりですか？」
★go fishing
「釣りに行く」

★May I speak to ～?
「(電話で)～さんをお願いできますか？」

最後の英文をメモできたかな。質問ならばそれに合う答えを選び，質問でなければ，話の流れから考えよう。消去法も有効だよ。

日本語訳

解説
Explanation

No.1
女：外国に行ったことはある？

男：うん。去年，オーストラリアに行ったよ。

女：あら，そうなの。そこにはどれくらい滞在したの？

| ア　飛行機だよ。 | ④　6日間だよ。 | ウ　家族と一緒にだよ。 |

最後の英文
How long ～？
「(期間をきいて)どれくらい～？」より，返答はFor ～.
「～間です」だね。

No.2
女：お手伝いしましょうか？

男：はい，青いジャケットを探しています。

女：こちらはいかがですか？

| ア　はい，どうぞ。 | イ　見ているだけです。 | ⓦ　私には値段が高すぎます。 |

最後の英文
How about this one?
「こちらはいかがですか？」より，返答はウだね。

No.3
女：この週末は何をするつもりなの？

男：晴れたら，父と海に釣りに行くつもりだよ。

女：本当に？それは楽しそうね。

| ア　ごめん，僕は忙しいんだ。 | ④　天気が良いことを願うよ。 |
| ウ　会えてうれしいよ。 | |

最後の英文が質問ではない。その前に「晴れたら…」と言っているので，話の流れからイだね。

No.4
女：もしもし。

男：もしもし，マイクです。ヨウコさんをお願いできますか？

女：ごめんね。彼女は今家にいないわ。

| ⑦　わかりました。あとでかけ直します。 | イ　伝言を預かりましょうか？ |
| ウ　やあ，ヨウコ。元気？ | |

電話で相手が不在だった場合，電話をかけた側がよく使う表現を選ぶよ。ふさわしいのはアだね。

- 12 -

練習問題

🔊 放送文 💿6

No.1　男：Hello?

　　　　女：This is Natsuki. May I speak to Jim, please?

　　　　男：I'm sorry, but ★you have the wrong number.

> ア　I don't know your phone number.
> イ　I see. Do you want to leave a message?
> ウ　Can you ask him to call me?
> ㋑ I'm so sorry.

★You have the wrong number.
「番号が違っています」

No.2　男：Have you finished cooking?

　　　　女：No. ★I've just washed the tomatoes and carrots.

　　　　男：OK. Can I help you?

> ア　Sorry. I haven't washed the tomatoes yet.
> イ　I don't think so. Please help me.
> ㋒ Thanks. Please cut these carrots.
> エ　All right. I can't help you.

★I've just＋過去分詞.
「ちょうど～したところだ」

No.3　女：It's so hot today. Let's have something to drink.

　　　　男：Sure. I know a good shop. It ★is famous for fruit juice.

　　　　女：Really? ★How long does it take to get there from here by bike?

> ア　Ten o'clock in the morning.　㋑ Only a few minutes.
> ウ　Four days a week.　エ　Every Saturday.

★be famous for ～
「～で有名である」
★How long does it take to ～?
「～するのにどれくらい時間がかかりますか？」

No.4　男：Whose notebook is this? ★There's no name on it.

　　　　女：Sorry, Mr. Jones. It's mine.

　　　　男：Oh, Ellen. You should write your name on your notebook.

> ㋐ Sure. I'll do it now.　イ　No. I've never sent him a letter.
> ウ　Yes. You found my name on it.　エ　Of course. I finished my homework.

★There is no ～.
「～がない」

最後の英文を聞き取って，メモできたかな？質問や提案に対する受け答えを注意深く選ぼう。

日本語訳

解説
Explanation

No.1
（男）：もしもし？

（女）：ナツキです。ジムさんをお願いできますか？

（男）：すみませんが，番号が違っています。

ア　私はあなたの電話番号を知りません。
イ　わかりました。伝言を残したいですか？
ウ　私に電話するよう彼に伝えてくれますか？
（エ）失礼しました。

男性の「番号が違っています」に対して，エ「失礼しました」以外は不適切だね。

No.2
（男）：料理は終わった？

（女）：いいえ。ちょうどトマトとニンジンを洗ったところよ。

（男）：よし，手伝おうか？

ア　ごめん。私はまだトマトを洗い終えていないの。
イ　そうは思わないわ。私を手伝って。
（ウ）ありがとう。ニンジンを切って。
エ　わかったわ。私は手伝えないわ。

男性の提案「手伝おうか？」に対して，ウ「ありがとう。ニンジンを切って」以外は不適切だね。

No.3
（女）：今日はとても暑いわ。何か飲みましょう。

（男）：いいね。いい店を知っているよ。フルーツジュースで有名なんだ。

（女）：本当に？自転車でそこに行くのにどれくらい時間がかかるの？

ア　午前10時だよ。　（イ）ほんの数分だよ。
ウ　週に4日だよ。　エ　毎週土曜日だよ。

How long does it take to ～?「～するのにどれくらい時間がかかりますか？」に対して，イ Only a few minutes.「ほんの数分」以外は不適切だね。

No.4
（男）：これは誰のノートかな？名前が書いてないな。

（女）：すみません，ジョーンズ先生。私のです。

（男）：おお，エレン。ノートには自分の名前を書いておくべきだよ。

（ア）わかりました。すぐにそうします。
イ　いいえ。彼に手紙を送ったことはありません。
ウ　はい。あなたはそこに私の名前を見つけましたよね。
エ　もちろんです。私は宿題を終えました。

先生から「ノートには自分の名前を書いておくべきだよ」と言われたことに対して，ア「わかりました。すぐにそうします」以外は不適切だね。

第3章　　対話や英文と質問（1つ）

基本問題

解答　No.1　エ　　No.2　ア　　No.3　ウ

No.1　Mike finished his homework.

He was very hungry.

His mother said, "Dinner *is ready.

Please *tell Dad to come to the dining room."

So he went to his father.

Question：What is Mike's mother going to do?

ア　She is going to do Mike's homework with her husband.
イ　She is going to cook dinner in the dining room.
ウ　She is going to go to the dining room with Mike.
エ　She is going to eat dinner with her husband and Mike.

★覚えたい表現
Memory work

★be ready
「準備ができている」
★tell＋人＋to ～
「（人）に～するように言う」

No.2　⊛：Tom, how's the pizza?

⊛：It's delicious, Lisa. I like your pizza very much.

⊛：Thank you. *Would you like some more?

Question：What will Tom say next?

⑦ **Yes, please. I want more.**　イ　Help yourself, Lisa.
ウ　I'm sorry. I can't cook well.　エ　Of course. You can take it.

★Would you like some more?
「もう少しいかが？」
（食べ物などを勧めるときの表現）

No.3　⊛：I want this black pen . *How much is it?

⊛：Now we're having a sale. It's 1,500 yen this week.

⊛：I'll take it. It's a birthday present for my father.

Question：Where are they?

ア　They are in the nurse's office.　イ　They are in the library.
⑨ **They are at a stationery shop.**　エ　They are at a birthday party.

★How much ～？
「～はいくらですか？」

選択肢を読み比べておくと，誰の何について質問されるかをある程度予想できるよ。対話を聞きながら，人の名前や行動などをメモしよう。

日本語訳

解説
Explanation

No.1 マイクは宿題を終えました。

彼はとてもお腹がすいていました。

母親が言いました。「夕食の準備ができたわ。

お父さんにダイニングに来るように言って」

それで彼は父親のところに行きました。

Question：マイクの母親は何をするつもりですか？

ア　彼女は夫と一緒にマイクの宿題をするつもりです。
イ　彼女はダイニングで夕食を作るつもりです。
ウ　彼女はマイクとダイニングに行くつもりです。
エ　彼女は夫とマイクと一緒に夕食を食べるつもりです。

マイク：宿題が終わった。おなかがすいた。父親を呼びに行く。
母親：夕食の準備ができた。
つまり，これから3人で夕食を食べるので，エだね。

No.2 　女：トム，ピザはどう？

　　　男：おいしいよ，リサ。僕は君のピザが大好きだよ。

　　　女：ありがとう。もう少しいかが？

Question：トムは次に何を言うでしょうか？

ア　うん，お願い。もっとほしい。　イ　自由に取ってね，リサ。
ウ　ごめん。うまく料理できないんだ。　エ　もちろん。取っていいよ。

リサがトムに「もう少しいかが？」と勧めているので，アだね。

No.3 　女：私はこの 黒いペン を買いたいです。おいくらですか？

　　　男：ただいまセール中です。今週は1500円です。

　　　女：それをいただきます。父への誕生日プレゼントなんです。

Question：彼らはどこにいますか？

ア　彼らは保健室にいます。　イ　彼らは図書館にいます。
ウ　彼らは文具店にいます。　エ　彼らは誕生日会にいます。

黒いペンを売っている店だから，ウのstationery shop「文具店」だね。

練習問題

解答　No.1　ア　　No.2　イ　　No.3　ア　　No.4　イ

放送文　

No.1　男：I'm going to buy a birthday present for my sister. Lisa, can you go with me?

　　女：Sure, Ken.

　　男：*Are you free tomorrow?

　　女：Sorry, I can't go tomorrow. When is her birthday?

　　男：Next Monday. Then, how about this Saturday or Sunday?

　　女：Saturday is fine with me.

　　男：Thank you.

　　女：What time and where shall we meet?

　　男：How about at eleven at the station?

　　女：OK. See you then.

Question：When are Ken and Lisa going to buy a birthday present for his sister?

ア　This Saturday.　イ　This Sunday.　ウ　Tomorrow.　エ　Next Monday.

No.2　女：Hello?

　　男：Hello. This is Tom. Can I speak to Eita, please?

　　女：Hi, Tom. I'm sorry, he *is out now.
　　　　Do you *want him to call you later?

　　男：Thank you, but I have to go out now. *Can I leave a message?

　　女：Sure.

　　男：Tomorrow we are going to do our homework at my house. *Could you ask him to bring his math notebook?
　　　　I have some questions to ask him.

　　女：OK, I will.

Question：What does Tom want Eita to do?

ア　To do Tom's homework.　イ　To bring Eita's math notebook.
ウ　To call Tom later.　エ　To leave a message.

覚えたい表現
Memory work

★Are you free?
「（時間が）空いている？」

★be out
「外出している」
★want＋人＋to 〜
「（人）に〜してほしい」
★Can I leave a message?
「伝言をお願いできますか？」

★Could you 〜？
「〜していただけませんか？」

音声を聞く前に選択肢を読み比べて，質問される人や内容を考えておこう。対話が長いので，ポイントをしぼってメモをとろう。

日本語訳

解説
Explanation

No.1
- 男：姉（妹）の誕生日プレゼントを買おうと思っているんだ。リサ，一緒に来てくれない？
- 女：いいわよ，ケン。
- 男：明日は空いてる？
- 女：ごめんね，明日は行けないわ。彼女の誕生日はいつ？
- 男：次の月曜日だよ。じゃあ，<u>この土曜日か日曜日はどう？</u>
- 女：<u>土曜日は都合がいいわ。</u>
- 男：ありがとう。
- 女：何時にどこで待ち合わせる？
- 男：11時に駅でどうかな？
- 女：ええ。じゃあそのときね。
- Question：ケンとリサはいつ彼の姉（妹）の誕生日プレゼントを買うつもりですか？

⑦ この土曜日。　イ　この日曜日。　ウ　明日。　エ　次の月曜日。

選択肢より，曜日に注意してメモをとろう。This Saturday.「この土曜日」の**ア**だね。

No.2
- 女：もしもし？
- 男：もしもし。トムです。英太さんをお願いできますか？
- 女：こんにちは，トム。ごめんね，彼は今外出しているわ。あとでかけ直すようにしましょうか？
- 男：ありがとうございます，でもすぐに外出しないといけないんです。伝言をお願いできますか？
- 女：いいわよ。
- 男：明日，僕の家で一緒に宿題をすることになっています。<u>数学のノートを持ってくるよう彼に頼んでいただけませんか？</u>彼にいくつか尋ねたいことがあるんです。
- 女：わかったわ，伝えておくわね。
- Question：トムが英太にしてほしいことは何ですか？

ア　トムの宿題をすること。　　イ　数学のノートを持ってくること。
ウ　あとでトムに電話すること。　エ　伝言を残すこと。

選択肢より，英太がトムに対してすること（トムが英太にしてほしいこと）を選ぼう。トムは３回目の発言で**イ**の内容の伝言を伝えたんだね。

No.3　㊛：Hi, Mike. ★What kind of book are you reading?

　　　　㊚：Hi, Rio. It's about *ukiyoe* pictures. I learned about them last week.

　　　　㊛：I see. You can see *ukiyoe* in the city art museum now.

　　　　㊚：Really? I want to visit there.
　　　　　　In my country, there are some museums that have *ukiyoe*, too.

　　　　㊛：Oh, really? I ★am　surprised　to hear that.

　　　　㊚：I have been there to see *ukiyoe* once.
　　　　　　I want to see them in Japan, too.

　　　　㊛：I went to the city art museum last weekend.
　　　　　　It was very interesting. You should go there.

　　Question：Why was Rio surprised?

㋐ Because Mike said some museums in his country had *ukiyoe*.
イ Because Mike learned about *ukiyoe* last weekend.
ウ Because Mike went to the city art museum in Japan last weekend.
エ Because Mike didn't see *ukiyoe* in his country.

No.4　㊛：Hello, Hiroshi. How was your holiday?

　　　　㊚：It was great, Lisa. I went to Kenroku-en in Kanazawa. It is a beautiful Japanese garden.

　　　　㊛：How did you go there?

　　　　㊚：I took a train to Kanazawa from Toyama.
　　　　　　Then I wanted to take a bus from Kanazawa Station, but there were many people. So I ★decided to walk.

　　　　㊛：Oh, really? How long did it take ★from the station to Kenroku-en?

　　　　㊚：About 25 minutes. I saw many people from other countries.

　　　　㊛：I see. Kanazawa is an ★international city.

　　Question：Which is true?

ア It took about 25 minutes from Toyama to Kanazawa.
㋑ Hiroshi walked from Kanazawa Station to Kenroku-en.
ウ Hiroshi went to many countries during his holiday.
エ Hiroshi took a bus in Kanazawa.

覚えたい表現
Memory work

★What kind of ～?
「どんな種類の～？」

★be surprised to ～
「～して驚く」

★decide to ～
「～することに決める／決心する」
★from A to B
「AからBまで」

★international
「国際的な」

No.3　　㊛：こんにちは，マイク。どんな本を読んでいるの？

　　　　㊚：やあ，リオ。浮世絵についての本だよ。先週それらについて学んだんだ。

　　　　㊛：そうなの。今，市立美術館で浮世絵を見ることができるよ。

　　　　㊚：本当に？そこに行きたいな。

　　　　　　僕の国にも，浮世絵のある美術館があるよ。

　　　　㊛：え，本当に？それを聞いて 驚いた わ。

　　　　㊚：僕は一度そこに浮世絵を見に行ったことがあるよ。

　　　　　　日本でも見たいな。

　　　　㊛：先週末，市立美術館に行ったの。

　　　　　　とても面白かったわ。あなたも行くべきよ。

　　Question：なぜリオは驚きましたか？

㋐ マイクが彼の国の美術館に浮世絵があると言ったから。
イ マイクが先週末に浮世絵について学んだから。
ウ マイクが先週末に日本の市立美術館に行ったから。
エ マイクが彼の国で浮世絵を見なかったから。

選択肢が全て
Because Mike ～.
マイクが言ったことは
・浮世絵についての
　本を読んでいる。
・浮世絵のある美術
　館が自国にもある。
・自国の美術館に浮
　世絵を見に行った
　ことがある。
・日本でも浮世絵を
　見たい。
質問は「リサが驚い
た理由」だから，アだ
ね。

No.4　　㊛：こんにちは，ヒロシ。休みはどうだった？

　　　　㊚：すばらしかったよ，リサ。金沢の兼六園に行ったよ。

　　　　　　美しい日本庭園だよ。

　　　　㊛：そこにはどうやって行ったの？

　　　　㊚：富山から金沢まで電車に乗ったよ。

　　　　　　そして金沢駅からはバスに乗りたかったけれど，とても
　　　　　　たくさんの人がいたんだ。それで僕は歩くことにしたよ。

　　　　㊛：まあ，本当？駅から兼六園までどれくらい時間がかかったの？

　　　　㊚：約25分だよ。外国から来たたくさんの人を見たよ。

　　　　㊛：なるほど。金沢は国際都市ね。

　　Question：どれが正しいですか？

ア 富山から金沢まで約25分かかった。
㋑ ヒロシは金沢駅から兼六園まで歩いた。
ウ ヒロシは休みの間にたくさんの国に行った。
エ ヒロシは金沢でバスに乗った。

選択肢から以下の
キーワードにしぼっ
て，音声の同様の単
語に注意しよう。
ア 25 minutes
イ walk
ウ many countries
エ bus
アはヒロシの3回目，
イ，エは2回目の発
言にあるけど，ウは
音声にはないね。ヒ
ロシは金沢駅から兼
六園まで歩いたの
で，イだね。

－ 20 －

第4章　語句を入れる

基本問題

解答　No.1　（ア）土　（イ）2時30分　（ウ）青
　　　No.2　（ア）博物館〔別解〕美術館　（イ）150　（ウ）生活〔別解〕暮ら

 放送文　

No.1　（女）：David, the festival will ★be held ア from Friday to Sunday , right?

　　　（男）：Yes, Kyoko. I'm going to join the dance event at the music hall ア★ on the second day .

　　　（女）：That's great! Can I join, too?

　　　（男）：Sure. It will start at イ three in the afternoon.
　　　　　　Let's meet there イ 30 minutes before that .
　　　　　　We will wear ウ blue T-shirts when we dance.
　　　　　　Do you have one?

　　　（女）：Yes, I do. I'll bring it.

No.2　（男）：What is this building, Kate? It looks very old.

　　　（女）：This is a ア museum , Eita.
　　　　　　It was built about イ 150 years ago and used as a school.

　　　（男）：What can we see here?

　　　（女）：You can see how people ウ lived ★a long time ago.
　　　　　　★Shall we go inside now?

　　　（男）：OK. Let's go.

> **覚えたい表現**
> **Memory work**
>
> ★be held
> 「開催される」
>
> ★on the second day 「2日目に」
>
> ★a long time ago 「昔」
> ★Shall we ～?
> 「（一緒に）～しましょうか？」

音声を聞く前に空欄を見て，どのような語句が入るか予想しよう。数を聞き取る問題は，アクセントに注意しよう。

日本語訳

 解説 Explanation

No.1

（女）：デイビッド，お祭りは ㋐ 金曜日から日曜日まで 開催されるのよね？

（男）：そうだよ，教子。僕は ㋐ 2日目に 音楽ホールで行われるダンスイベントに参加する予定だよ。

（女）：いいわね！私も参加していい？

（男）：いいよ。それは午後 ㋑ 3時 に始まるよ。
㋑ 30分前（＝午後2時30分） に現地で待ち合わせしよう。
僕らはダンスをするときに ㋒ 青いTシャツ を着るんだ。
持っている？

（女）：ええ，持っているわ。それを持っていくね。

お祭り：
金 曜日〜 日 曜日

ダンスイベント：
2 日目
開始時刻：午後 3 時
集合時刻： 30 分前
Tシャツの色： 青 色

No.2

（男）：この建物は何だろう，ケイト？とても古そうだね。

（女）：これは ㋐ 博物館 よ，英太。
約 ㋑ 150 年前に建てられて，学校として使われたの。

（男）：ここでは何を見ることができるの？

（女）：昔の人々がどのように ㋒ 生活していた かを見られるわ。
では中に入りましょうか？

（男）：うん。行こう。

ア
museum「博物館／美術館」を聞き取ろう。
イ
one hundred and fifty（＝150）
fiftyのアクセントに注意。fiftyのアクセントは前にあるよ。
ウ
how以下が間接疑問。lived「生活していた」を聞き取ろう。

練習問題

解答　No.1 （ア）Sunday （イ）11 (in the morning)　No.2 （ア）learn （イ）Thursday

No.1
男：Hi, Lisa. This is Mike. How's everything?

女：Great, thanks. ★What's up?

男：My brother is coming to Fukuoka next Friday and will stay here for three weeks.
How about going to a ramen shop together?
He has wanted to eat ramen in Fukuoka ★for a long time.

女：Oh, there's a good ramen shop near my house.
Let's go there.

男：That's great. He will be glad to hear that.
When and where shall we meet?

女：Can you come to my house at ｲ eleven in the morning next Saturday?
Then we can walk to the ramen shop together.

男：I'm sorry, I can't. I'm busy until three in the afternoon that day.
How about ★ｲ the same time next ｱ Sunday ?

女：All right. Can I ★invite my friend Nancy?

男：Sure. See you then. Bye.

No.2
男：Thank you for coming to our concert today, Aya. How was it?

女：Wonderful! Everyone was great. You especially played the violin very well, James. I really enjoyed the concert.

男：I'm glad to hear that.

女：I want to play the violin, too. ｱCan you teach me ★how to play it ?

男：ｱSure. ｲI'm free every Thursday.
Please come to my house and we can practice together.

女：That's nice! Can I visit you next ｲ Thursday ?

男：Of course.

★What's up?
「どうしたの？」

★for a long time
「長い間／ずっと」

★the same time
「同じ時間」
★invite ～
「～を招く／誘う」

★how to ～
「～する方法」

- 23 -

音声で流れない語句を答えなくてはならない場合もあるよ。そのようなときは，前後の内容から考えて語句を導き出そう。

No.1

男：もしもし，リサ。マイクだよ。元気？

女：元気よ。どうしたの？

男：兄(弟)が今度の金曜日に福岡に来て，3週間いるんだ。

一緒にラーメン屋に行かない？

兄(弟)がずっと福岡のラーメンを食べたいって言っててさ。

女：それなら家の近くにおいしいラーメン屋があるわよ。

そこに行こうよ。

男：やったあ。兄(弟)もそれを聞いたら喜ぶよ。

いつどこで待ち合わせをしようか？

女：今度の土曜日，ィ 午前11時 に私の家に来られる？

歩いて一緒にラーメン屋まで行けるわ。

男：ごめん，無理だ。その日は午後3時まで忙しいんだ。

今度の ァ 日曜日 の ィ 同じ時間 はどう？

女：いいわよ。友達のナンシーも誘っていい？

男：もちろんだよ。じゃあそのときね。バイバイ。

ラーメン屋に行く曜日と時間を答える問題だね。
リサ：土曜日午前11時を提案。
マイク：日曜日の同じ時間を提案。

No.2

男：今日はコンサートに来てくれてありがとう，アヤ。どうだった？

女：素敵だったわ！みんな上手だった。特にあなたはバイオリンをとても上手に演奏していたね，ジェームス。

本当にいいコンサートだったわ。

男：それを聞いてうれしいよ。

女：私もバイオリンを弾いてみたいわ。ァ 弾き方を教えてくれない？

男：ァ いいよ。ィ 毎週木曜日は時間があるよ。

僕の家においでよ，それなら一緒に練習できるよ。

女：ありがとう！次の ィ 木曜日 に行ってもいい？

男：もちろんだよ。

ア
ジェームスはアヤにバイオリンを教える＝アヤはジェームスからバイオリンを学ぶ。learn「学ぶ」が適切だよ。音声で流れない単語を書く難問だね。practice を入れると後ろのfrom youと合わないから不適切だね。

イ
Thursday「木曜日」を聞き取ろう。

－ 24 －

第5章　　　　対話と質問（複数）

基本問題

解答　No.1　イ　　No.2　ア　　No.3　イ　　No. 4　ア

 放送文　

男：Hello, Ms. Brown.

女：Hi, Kenji. You don't look well today. ★What happened?

男：Last week we had a basketball game.

I was ★so nervous that I couldn't play well.

No.1 イ Finally, our team lost the game.

女：Oh, I understand how you feel.

I played basketball for ten years in America.

I felt nervous during games, too.

男：Oh, did you? No.2 ア I always ★feel sorry for my friends in my team when I make mistakes in the game.

女：Kenji, I had the same feeling. When I made a mistake in the game, I ★told my friends that I was sorry.

But one of my friends said, "Don't feel sorry for us. We can ★improve by making mistakes. You can try again!"

She told me with a big smile.

Her words and smile ★encouraged me.

★Since then, I have ★kept her words in mind.

男：Thank you, Ms. Brown. I learned a very important thing from you. No.4 ア Now I believe that I can improve my basketball skills by making mistakes.

女：Great, Kenji! I'm glad to hear that. No.3 イ When is your next game?

男：Oh, No.3 イ it's in November. Please come to watch our game!

女：Sure. I'm ★looking forward to seeing it. Good luck.

男：Thank you, Ms. Brown. I'll ★do my best.

覚えたい表現
Memory work

★What happened?
「何かあった？」

★so…that ～
「とても…なので～」

★feel sorry for ～
「～に申し訳なく思う」

★tell＋人＋that ～
「(人)に～と言う」

★improve
「上達する」

★encourage ～
「～を励ます」
★since then
「それ以来」
★keep ～ in mind
「～を心に留める」

★look forward to ～ ing
「～することを楽しみにする」
★do one's best
「ベストを尽くす」

音声を聞く前に問題文や選択肢を読んでおこう。対話が長いので，集中力を切らさず，答えに関する内容を正しく聞き取ってメモしよう。

日本語訳

解説
Explanation

㊚：こんにちは，ブラウン先生。

㊛：あら，ケンジ。今日は元気がないわね。何かあった？

㊚：先週，バスケットボールの試合がありました。

とても緊張してうまくプレーできなかったんです。

No.1 ㋑ 結局，僕らのチームは試合に負けてしまいました。

㊛：まあ，私はあなたの気持ちがわかるわ。

私はアメリカで10年間バスケットボールをしていたの。

私もゲーム中に緊張していたわ。

㊚：先生もですか？ No.2 ㋐ 僕は試合でミスをしたとき，いつもチームの友達に申し訳なく思います。

㊛：ケンジ，私も同じ気持ちだったわ。試合で自分がミスをしたとき，

友達に謝っていたの。

でも，友達の1人が，「申し訳なく思うことはないわ。

私たちはミスをすることで上達するの。

また挑戦すればいいのよ！」と満面の笑みで言ってくれたのよ。

彼女の言葉と笑顔に励まされたわ。

それ以来，彼女の言葉を心に留めているの。

㊚：ありがとうございます，ブラウン先生。僕は先生からとても大切なことを学びました。No.4 ㋐ 今はミスをすることによってバスケットボールの技術を上達させられると信じています。

㊛：すごい，ケンジ！それを聞いてうれしいわ。No.3 ㋑ 次の試合はいつ？

㊚：ああ，No.3 ㋑ 11月にあります。僕たちの試合を見に来てください！

㊛：いいわ。試合を見るのを楽しみにしているわ。がんばってね。

㊚：ありがとうございます，ブラウン先生。ベストを尽くします。

・先週の試合でケンジのチームは 負け た。

・ブラウン先生は アメリカ で 10 年間バスケットボールをしていた。

・ケンジはミスをすると 友達 に 申し訳ない と思う。

・ブラウン先生はミスをすると 友達 に 謝って いた。

・しかし，ブラウン先生の友達がまた 挑戦 すればいいと言った。その 言葉 と笑顔に励まされた。

・ケンジはブラウン先生からとても 大切 なことを学んだ。今ではミスをすることで バスケットボール の技術が 上達 すると信じている。

・ケンジの次の 試合 は 11 月にある。

・ブラウン先生は 試合 を楽しみにしている。

・ケンジは ベストを尽くす つもりだ。

練習問題

解答　No.1　イ　　No.2　イ　　No.3　エ　　No.4　エ

放送文　

女：Hi, Daiki. What will you do during the spring vacation?

男：My family will spend five days in Tokyo with my friend, Sam. He is a high school student from Sydney. I met him there.

女：I see. No.1 イ Did you live in Sydney?

男：No.1 イ Yes. My father worked there when I was a child. Sam's parents ★asked my father to take care of Sam in Japan. No.2 イ He will come to my house in Osaka next week.

女：Has he ever visited Japan?

男：No, he hasn't. I haven't seen him for a long time, but we often send e-mails to ★each other.

女：How long will he stay in Japan?

男：For ten days. No.3 エ Have you ever been to Tokyo, Cathy?

女：No.3 エ No, but I'll visit there this May with my friend, Kate. She lives in America. Do you often go to Tokyo?

男：Yes. My grandmother lives there. We will visit the zoo and the museum with her. We will also go shopping together.

女：★That sounds good. Sam will be very glad.

男：I hope so. Well, I sent him a book about Tokyo which has ★a lot of beautiful pictures.

女：Cool. I also want to give a book like that to Kate because No.4 エ she likes taking pictures of beautiful places. ★Actually, she has been to many foreign countries to take pictures.

男：That's interesting. I like taking pictures, too. So I want to see the pictures she took in other countries.

女：OK. I'll tell her about that.

男：Thank you.

Question No.1：Where did Daiki live when he was a child?

Question No.2：Who will come to Daiki's house next week?

Question No.3：Has Cathy visited Tokyo before?

Question No.4：What does Kate like to do?

覚えたい表現
Memory work

★ask＋人＋to ～
「（人）に～するように頼む」

★each other
「お互いに」

★That sounds good.
「それはいいね」
★a lot of ～
「たくさんの～」

★actually
「実際に／実は」

ダイキとキャシーの対話。ダイキの友達のサムと，キャシーの友達のケイトも出てくるよ。音声を聞きながら，誰が何をしたかをメモしよう。

日本語訳

解 説
Explanation

女：こんにちは，ダイキ。春休みは何をするの？

男：家族で，友達のサムと一緒に東京に5日間滞在するよ。サムはシドニー出身の高校生だよ。僕はシドニーで彼と知り合ったんだ。

女：そうなんだ。No.1 ィ あなたはシドニーに住んでいたの？

男：No.1 ィ そうだよ。僕が子どものころ，父がシドニーで働いていたんだ。サムの両親が，日本に行くサムの面倒を見てくれるよう父に頼んだんだよ。

　　No.2 ィ サムは来週，大阪の我が家に来るよ。

女：彼は日本に来たことがあるの？

男：ないよ。僕も長いこと彼に会っていないんだ，でもお互いによくメールを送り合っているよ。

女：彼は日本にどのくらい滞在するの？

男：10日間だよ。No.3 ェ キャシーは東京に行ったことある？

女：No.3 ェ いいえ，でも友達のケイトと，今年の5月に行くつもりよ。彼女はアメリカに住んでいるわ。あなたはよく東京に行くの？

男：うん。祖母が住んでいるんだ。
　　僕たちは，祖母と一緒に動物園と博物館に行く予定だよ。
　　それから一緒に買い物にも行くつもりなんだ。

女：それはいいわね。サムはとても喜ぶと思うわ。

男：そうだといいな。そういえば，僕はサムに，素敵な写真がたくさん載っている東京に関する本を送ったんだよ。

女：いいわね。私もそういう本をケイトに送りたいわ，No.4 ェ 彼女は美しい場所の写真を撮るのが好きだから。
　　実は，彼女は写真を撮るためにたくさん外国に行っているのよ。

男：それは興味深いな。僕も写真を撮るのが好きだよ。
　　だから彼女が外国で撮った写真を見たいな。

女：わかった。彼女にそう伝えておくわ。

男：ありがとう。

Question No.1：ダイキは子どものころ，どこに住んでいましたか？

Question No.2：来週，誰がダイキの家に来ますか？

Question No.3：キャシーは以前，東京に行ったことがありますか？

Question No.4：ケイトは何をするのが好きですか？

No.1
ダイキについての質問だね。ダイキは幼少期にシドニーに住んでいたと言っているね。

No.2
ダイキの家に来るのは，ダイキの友達のサムだね。

No.3
キャシーは，東京に行く予定はあるけれど，まだ行ったことはないと言っているね。Has Cathy ～？と聞かれたから，No, she hasn't. と答えよう。

No.4
キャシーが友達のケイトの好きなことを紹介しているね。

← さらに詳しい解説

第6章　　　　英文と質問（複数）

基本問題

解答　No.1　ア　　No.2　エ　　No.3　ウ

Today is the last day before summer vacation.

From tomorrow, you'll have twenty-five days of vacation and I'll give you some homework to do.

For your homework, you must write a report about the problems in the *environment and you must use *more than one hundred English words.

We've *finished reading the textbook about the problems in the environment.

So, No.1 ア in your report, you must write about *one of the problems in the textbook that is interesting to you.

*The textbook says that there are many kinds of problems like water problems or fires in the mountains.

No.2 エ The textbook also says that everyone in the world must continue thinking about *protecting the environment from these problems.

If you want to know more about it, use the Internet or books in the city library.

No.3 ウ Please give me your report at the next class.

I hope you enjoy this homework and have a good vacation.

★environment
「環境」
★more than ～
「～以上」
★finish ～ing
「～し終える」

★one of ～
「～の1つ」

★the textbook says
(that)～「教科書に
は～と書いてある」

★protect A from B
「BからAを守る」

音声を聞く前に，問題文，質問，選択肢の内容から，聞き取るべきキーワードをイメージできたかな？それらのキーワードに関連する部分を中心にメモをとろう。

日本語訳

今日は夏休み前の最終日です。

明日からみなさんは25日間の休暇に入るので，宿題を出します。

みなさんは宿題として，環境問題についてのレポートを書いてください，なお，英単語を100語以上使わなければいけません。

私たちは環境問題についての教科書を読み終えました。

ですからNo.1 ァレポートでは，教科書の中で自分の興味がある問題の1つについて書いてください。

教科書には，水問題や山火事のような，多くの種類の問題があると書いてあります。

No.2 ェまた，教科書には，世界中の誰もが，これらの問題から環境を守ることを考え続けなければいけない，とも書いてあります。

もっと詳しく知りたい人は，インターネットや市立図書館にある本を利用してください。

No.3 ゥレポートは，次の授業で私に提出してください。

みなさんがこの宿題を楽しみ，良い休暇を過ごすことを願っています。

 解 説
Explanation

・夏休み前の最終日。明日から25日間の休みに入る。

・環境問題についてのレポートを書く。英単語を100語以上使う。

・環境問題についての教科書を読み終えた。

・教科書の中で興味がある問題を選ぶ。

・教科書には世界中の誰もが環境を守ることについて考え続けなければならないと書いてある。

・詳しく知りたい人はインターネットや市立図書館の本を利用する。

・次の授業でレポートを提出する。

練習問題

解答　No.1　イ　　　No.2　エ　　　No.3　ウ　　　No.4　イ

放送文  14

Today, I'll tell you about my grandmother's birthday party.

Before her birthday, I talked about a birthday present for her with my father and mother.

My father said, "Let's go to a cake shop and buy a birthday cake."

No.1 イ My mother said, "That's a good idea. I know a good cake shop." But when I saw my bag, I had another idea. I said, "No.2 エ My grandmother made this bag *as my birthday present last year, so I want to make a cake for her."

They agreed.

No.3 ウ On her birthday, I started making the cake at nine in the morning. My father and mother helped me because that was *my first time. I finished making it at one in the afternoon.

We visited my grandmother at six and started the party for her.

First, we enjoyed a special dinner with her.

After that, I showed her the cake.

When she saw it, she said, "Wow, did you make it? I'm so happy. Thank you, Kyoko."

I *was happy to hear that.

No.4 イ Then we *sang a birthday song for her and ate the cake with her. I'll never forget that wonderful day.

Question No.1 : Who knew a good cake shop?

Question No.2 : Why did Kyoko want to make a cake for her grandmother?

Question No.3 : *How many hours did Kyoko need to make the cake?

Question No.4 : What did Kyoko do at her grandmother's birthday party?

覚えたい表現
Memory work

★as ～「～として」

★my first time
「（私にとって）初めてのこと」

★be happy to ～
「～してうれしい」
★sang
sing「歌う」の過去形

★How many hours ～ ?
「何時間～？」

- 31 -

選択肢から，No.1は人物，No.2は理由，No.3は時間，No.4は行動についての質問だと推測できるね。関連部分の音声に注意しながら聞き取ってメモをし，質問にそなえよう。

解説
Explanation

今日は，私の祖母の誕生日パーティーについて話そうと思います。

誕生日の前に，私は，祖母にあげる誕生日プレゼントについて両親と話しました。

父は，「ケーキ屋に行って誕生日ケーキを買おう」と言いました。

No.1 ィ母は，「いい考えね。私はおいしいケーキ屋を知っているわ」と言いました。しかし私は，自分のバッグを見て別の考えが浮かびました。

「No.2 ェおばあちゃんは去年，私の誕生日プレゼントとしてこのバッグを作ってくれたの。だから私はケーキを作りたいわ」と私は言いました。両親も賛成してくれました。

No.3 ゥ誕生日当日，私は午前9時からケーキを作り始めました。ケーキ作りは初めてのことだったので，両親が手伝ってくれました。私は午後1時にケーキを作り終えました。

私たちは6時に祖母の家に行き，パーティーを始めました。

まず，一緒にごちそうを楽しみました。

その後，私は祖母にケーキを見せました。

それを見ると，祖母は，「まあ，自分で作ったの？とってもうれしいわ。ありがとう，教子」と言いました。

私はそれを聞いてうれしくなりました。

No.4 ィそれから私たちは，祖母のために誕生日の歌を歌って，一緒にケーキを食べました。私はあの素晴らしい日を決して忘れません。

Question No.1：おいしいケーキ屋を知っていたのは誰ですか？

Question No.2：教子はなぜ祖母にケーキを作ってあげたかったのですか？

Question No.3：教子はケーキを作るのに何時間かかりましたか？

Question No.4：教子は祖母の誕生日パーティーで何をしましたか？

No.1
おいしいケーキ屋を知っていた人は，ケーキを買おうと言ったお父さんではないよ。教子のお母さんだね。

No.2
おばあちゃんがバッグを作ってくれたから，自分も手作りのものをあげたいと思ったんだね。

No.3
午前9時から午後1時までだから，4時間だね。

No.4
教子が話したのは，イの「祖母のために両親と誕生日の歌を歌った」だね。

第7章　　　　作　文

基本問題

> 解答　**No.1**　（例文）We can give her some flowers.
>
> 　　　　**No.2**　（例文）I can play soccer with him. It's bcause I can talk with him in Japanese while we are playing soccer.

放送文　15

No.1　女：Hi, John. Do you know our classmate Eiko will leave Tokyo and live in Osaka from next month?

　　　　We have to ★say goodbye to her soon.

　　　　男：Really, Kyoko? I didn't know that. I'm very sad.

　　　　女：Me, too. Well, let's do something for Eiko. What can we do?

　　　　男：（　　　　）

★say goodbye to ～
「～にさよならを言う」

No.2　Hello, everyone.

Next week a student from Australia will come to our class and study with us for a month.

His name is Bob.

He wants to enjoy his stay.

He likes sports very much and wants to learn Japanese.

Please tell me what you can do for him and why.

No.1では引っ越すクラスメートに，No.2ではオーストラリアからの留学生に対してできることを英文で書くよ。間違えずに書ける単語や表現を使って短くまとめよう。

日本語訳

解 説
Explanation

No.1
女：こんにちは，ジョン。クラスメートのエイコが東京を去り，来月から大阪に住むことになったって知ってる？

もうすぐさよならを言わなければならないわ。

男：本当に，教子？それは知らなかったよ。とても悲しいね。

女：私もよ。<u>エイコのために何かしましょう。</u>

<u>何ができるかしら？</u>

男：（　　　　　）

No.1
東京から大阪へ引っ越すクラスメートにしてあげられることを書こう。
（例文の訳）
「花束をあげることができるね」
「(人)に(もの)をあげる」＝give＋人＋もの

No.2
みなさん，こんにちは。

来週，オーストラリアから1人の留学生がこのクラスに来て，一緒に1か月間勉強する予定です。

彼の名前はボブです。

彼はこの滞在を楽しみたいと思っています。

<u>彼はスポーツが大好きで，日本語を学びたいと思っています。</u>

<u>あなたが彼のためにできることと，その理由を教えてください。</u>

No.2
スポーツが大好きで日本語を学びたい留学生のためにできることと，その理由を書こう。
（例文の訳）
「僕は彼と一緒にサッカーをすることができます。サッカーをしながら，彼と日本語で話をすることができるからです」

練習問題

解答 **No.1** ウ 　**No.2** They should tell a teacher.

No.3 （例文） I want to go to America because there are a lot of places to visit.

*Welcome to our school. I am Lucy, a second-year student of this school. We are going to show you around our school today.

Our school was built in 2019, so it's still new.

Now we are in the gym.

We will start with the library, and I will *show you how to use it.

Then we will look at classrooms and the music room, and No.1 ウwe will finish at the lunch room. There, you will meet other students and teachers.

After that, we are going to have *a welcome party.

There is something more I want to tell you.

We took a group picture *in front of our school.

No.2If you want one, you should tell a teacher tomorrow.

Do you have any questions?

Now let's start.

Please come with me.

Question No.1：Where will the Japanese students meet other students and teachers?

Question No.2：If the Japanese students want a picture, what should they do tomorrow?

Question No.3：If you study abroad, what country do you want to go to and why?

覚えたい表現
Memory work

★Welcome to 〜.
「〜へようこそ」

★show＋人＋もの
「（人）に（もの）を見せる」

★a welcome party「歓迎会」

★in front of 〜
「〜の前で」

「…ので〜したい」＝I want to 〜 because …. は英作文でよく使う形なので覚えておこう。

日本語訳

私たちの学校へようこそ。私はルーシー，この学校の２年生です。

今日はみなさんに学校を案内します。

私たちの学校は2019年に建てられました，ですからまだ新しいですね。

私たちは今，体育館にいます。

まず図書館から始めましょう，その使い方を教えます。

それから，教室と音楽室を見て，No.1 ゥ最後に食堂を見ます。そこで，みなさんは他の生徒や先生と対面することになっています。

その後，歓迎会をする予定です。

みなさんにお伝えしたいことがもう少しあります。

校舎の前でグループ写真を撮りましたね。

No.2 その写真が欲しい人は，明日先生に申し出てください。

何か質問はありますか？

では行きましょう。

私についてきてください。

Question No.1：日本の生徒はどこで他の生徒や先生と会いますか？

Question No.2：日本の生徒は写真が欲しい場合，明日何をすべきですか？

Question No.3：もしあなたが留学するなら，どの国に行きたいですか，

そしてそれはなぜですか？

No.1
他の生徒や先生と対面する場所は食堂＝the lunch roomだから，**ウ**だね。

No.2
Ifで始まる文の後半の内容を答えればいいね。

No.3
したいこととその理由を答えるときは，I want to 〜 because …. の形を使おう。
(例文の訳)
「訪れるたくさんの場所があるので，私はアメリカに行きたいです」

覚えたい表現 Memory work まとめ　← グループ分け

P3	What do you want to do in the future?	あなたは将来何をしたいですか？
	by bike	自転車で
	Can you ～?	～してくれませんか？
	Can I ～?	～してもいいですか？
	look at ～	～を見る
	have to ～	～しなければならない
P5	What's the matter?	どうしたの？
	last night	昨夜
	go to bed	寝る
	get up	起きる
	for ～（期間を表す言葉）	～の間
	stop ～ing	～することをやめる
	How about ～?	～はどうですか？
	Thank you for ～ing.	～してくれてありがとう
	for ～（対象を表す言葉）	～のために
P7	What time shall we meet?	何時に待ち合わせる？
	the ＋最上級＋ in ＋○○	○○の中で最も…
	no ＋人	（人）が1人も～ない
	I've never ～.	私は一度も～したことがない
	keep ＋人／もの＋状態	（人／もの）を（状態）に保つ
P9	school festival	学園祭
	look ～	～のように見える
	next to ～	～のとなりに
	I hear（that）～.	～だそうだ
	be good at ～ing	～することが得意だ
	be glad to ～	～してうれしい
	over ～	～以上
	make a speech	スピーチをする
	the number of ～	～の数
	keep ～ing	～し続ける
	go up	増加する
	go down	減少する
P11	Have you ever been to ～?	～に行ったことがありますか？
	May I help you?	お手伝いしましょうか？／いらっしゃいませ
	look for ～	～を探す
	What are you going to do?	何をするつもりですか？
	go fishing	釣りに行く
	May I speak to ～?	（電話で）～さんをお願いてきますか？
P13	You have the wrong number.	番号が違っています
	I've just ＋過去分詞.	ちょうど～したところだ
	be famous for ～	～て有名てある
	How long does it take to ～?	～するのにどれくらい時間がかかりますか？
	There is no ～.	～がない
P15	be ready	準備ができている
	tell ＋人＋ to ～	（人）に～するように言う
	Would you like some more?	もう少しいかが？
	How much ～?	～はいくらですか？

P17	Are you free?	(時間)が空いている？
	be out	外出している
	want + 人 + to ～	(人)に～してほしい
	Can I leave a message?	伝言をお願いできますか？
	Could you ～ ?	～していただけませんか？
P19	What kind of ～ ?	どんな種類の～？
	be surprised to ～	～して驚く
	decide to ～	～することに決める／決心する
	from A to B	AからBまで
	international	国際的な
P21	be held	開催される
	on the second day	2日目に
	a long time ago	昔
	Shall we ～ ?	(一緒に)～しましょうか？
P23	What's up?	どうしたの？
	for a long time	長い間／ずっと
	the same time	同じ時間
	invite ～	～を招く／誘う
	how to ～	～する方法
P25	What happened?	何かあった？
	so…that ～	とても…なので～
	feel sorry for ～	～に申し訳なく思う
	tell + 人 + that ～	(人)に～と言う
	improve	上達する
	encourage ～	～を励ます
	since then	それ以来
	keep ～ in mind	～を心に留める
	look forward to ～ ing	～することを楽しみにする
	do one's best	ベストを尽くす
P27	ask + 人 + to ～	(人)に～するように頼む
	each other	お互いに
	That sounds good.	それはいいね
	a lot of ～	たくさんの～
	actually	実際に／実は
P29	environment	環境
	more than ～	～以上
	finish ～ ing	～し終える
	one of ～	～の1つ
	the textbook says (that) ～	教科書には～と書いてある
	protect A from B	BからAを守る
P31	as ～	～として
	my first time	(私にとって)初めてのこと
	be happy to ～	～してうれしい
	sang	sing「歌う」の過去形
	How many hours ～ ?	何時間～？
P33	say goodbye to ～	～にさよならを言う
P35	Welcome to ～ .	～へようこそ
	show + 人 + もの	(人)に(もの)を見せる
	a welcome party	歓迎会
	in front of ～	～の前で

聞き違いをしやすい表現
Easy to mistake

1 聞き違いをしやすい数

サーティーン サーティ
thirteen「13」と thirty「30」

 アクセントの位置に着目
後 前
thirteen「13」と thirty「30」

フォーティーン	フォーティ	フィフティーン	フィフティ
fourteen「14」と forty「40」		fifteen「15」と fifty「50」	

シックスティーン シックスティ　セブンティーン セブンティ
sixteen「16」と sixty「60」　seventeen「17」と seventy「70」
エイティーン エイティ　ナインティーン ナインティ
eighteen「18」と eighty「80」　nineteen「19」と ninety「90」

2 聞き違いをしやすい英語

キャン キャン（ト）
can「できる」と can't「できない」

 次の単語との間に着目
間がない 間がある
can ～　　can't ～

ウォント ワントゥ　　　　フェアー フェン
won't「しないつもり」と want to「したい」　where「どこ？」と when「いつ？」

3 同じ発音で違う意味の英語

ワン ワン
won「勝った」と one「1」

 単語の位置や文の意味で判断
「アイ ワン ザ プライズ」だったら
→ I won the prize.
私は賞を勝ち取りました
「アイ チョゥズ ワン」だったら
→ I chose one.
私は1つを選びました

レッド レッド
red「赤」と read「読んだ」

4 セットで読まれる英語

ゼァリズ
There is

 連語表現の発音に慣れよう
「ゼアー」と「イズ」を続けて読むと「ゼァリズ」
There　　　is

ゲラップ	ピカップ	オプニット	シェイキット	トーカバウト	ハフトゥ
get up	pick up	open it	shake it	talk about	have to
ワノブ	ウォンチュー	ミーチュー	ディジュー	ミシュー	
one of	want you	meet you	Did you	miss you	

高校入試対策

英語リスニング 練習問題

基本問題集

contents

はじめに・この問題集の特長と使い方 ……… 1 〜 2

第1章　絵・グラフ ………………………… 3 〜 6

第2章　次の一言 …………………………… 7 〜 8

第3章　対話や英文と質問(1つ) …………… 9 〜 10

第4章　語句を入れる ……………………… 11 〜 12

第5章　対話と質問(複数) ………………… 13 〜 14

第6章　英文と質問(複数) ………………… 15 〜 16

第7章　作文 ………………………………… 17 〜 18

CDトラックナンバー 一覧 ………………… 19

※解答集は別冊です

はじめに

　グローバル化が急速に進展する中で，外国語によるコミュニケーション能力は，一部の業種や職種だけでなく，今後の生活の様々な場面で必要になってきます。

　学習指導要領では，小・中・高等学校での一貫した外国語教育を通して，外国語による「聞くこと」，「読むこと」，「話すこと」，「書くこと」の４つの技能を習得し，簡単な情報や考えなどを理解したり伝えあったりするコミュニケーション能力を身につけることを目標としています。

　これを受けて，高校入試の英語リスニング問題は，公立高校をはじめ私立高校においても，問題数の増加や配点の上昇が顕著になってきています。

　本書は，全国の高校入試の英語リスニングでよく出題されるパターンを，７つの章に分類し，徹底的に練習できるようになっています。リスニングの出題形式に慣れるとともに，解き方，答え合わせや復習のしかたがよく分かるようになるので，限られた時間の中で効率よく学習ができます。

　高校入試の英語リスニング問題は，基礎的な単語や文法が中心で，長文読解問題に比べればそれほど複雑な内容ではありません。聴き取れれば解ける問題ばかりです。

　本書で，やさしい問題から入試レベルの問題までを繰り返し練習し，入試本番の得点力を身につけてください。

この問題集の特長と使い方

１．準備をする！

　高校入試では一斉リスニングの場合がほとんどです。できればイヤホン(ヘッドホン)を使わずに，CDプレイヤーやスピーカーを準備しよう。

　問題は，章ごとに「基本問題」と「練習問題」があります。「基本問題」に取りかかる前に，「👆ポイント」を読んでおこう。🗨ヒント や 🗨メモ，⚠ミスに注意 にも，あらかじめ目を通しておこう。

２．問題に取り組む！

　準備ができたら，集中して音声を聴こう。間違えてもいいので必ず答えを書くことを心がけよう。

３．解答だけを確認する！

　ひとつの問題を解き終えたら，解答集ですぐに答え合わせをしよう。このとき，まだ放送文や日本語訳は見ないでおこう。解答だけを確認したら，もう一度音声を聴こう。正解した問題は聴き取れたところを，間違えてしまった問題は聴き取れなかったところを，意識しながら聴いてみよう。

４．放送文を確認する！

　今度は，解答集の放送文（英文）を目で追いながら音声を聴いてみよう。このとき，キーワードやキーセンテンス（カギとなる重要な文）を確実に聴き取れるまで何度も繰り返し聴いてみよう。途中で分からなくなったら最初から聴き直そう。

５．覚えたい表現やアドバイスを確認する！

　　解答集では，英語リスニング問題でよく出る「覚えたい表現」や，同じパターンの問題を解くときのコツなどをアドバイスしています。よく読んでおこう。

６．日本語訳を確認する！

　　解答集は，放送文と日本語訳が見開きのページに載っているので，照らし合わせながら確認しよう。内容を正しく理解できているか，会話表現の独特な言い回しをきちんと把握できているかを確認しよう。知らなかった単語や表現はここでしっかりと覚えておこう。

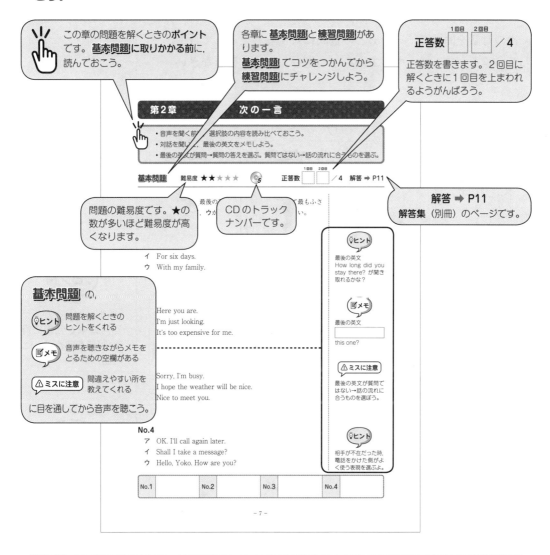

この章の問題を解くときの**ポイント**です。**基本問題**に取りかかる前に，読んでおこう。

各章に**基本問題**と**練習問題**があります。**基本問題**でコツをつかんでから**練習問題**にチャレンジしよう。

正答数を書きます。２回目に解くときに１回目を上まわれるようがんばろう。

問題の難易度です。★の数が多いほど難易度が高くなります。

CDのトラックナンバーです。

解答 ➡ P11
解答集（別冊）のページです。

基本問題 の

💡ヒント　問題を解くときのヒントをくれる

📝メモ　音声を聴きながらメモをとるための空欄がある

⚠ミスに注意　間違えやすい所を教えてくれる

に目を通してから音声を聴こう。

💡ヒント
最後の英文
How long did you stay there? が聞き取れるかな？

📝メモ
最後の英文
this one?

⚠ミスに注意
最後の英文が質問ではない→話の流れに合うものを選ぼう。

💡ヒント
相手が不在だった時，電話をかけた側がよく使う表現を選ぶよ。

🔊 **音声の聴き方**

　　ＣＤで音声を聴くことができます。ＣＤ以外でも，教英出版ウェブサイトでＩＤ番号を入力して音声を聴くことができます。ＩＤ番号を入力して音声を聴く方法は，都道府県版（別冊）の１ページをご覧ください。

- 音声を聞く前に選択肢の絵やグラフを見比べておこう。
- 絵やグラフを見比べたら，どんな英文が流れるか予想してみよう。
- 音声を聞きながら，答えに関係しそうな内容をメモしよう。

基本問題A　難易度 ★★★★★　　正答数 [1回目][2回目] ／3　解答 ➡ P3

次の対話を聞いて，そのあとの質問に対する答えとして最もふさわしい絵を，ア，イ，ウ，エから1つ選び，記号を書きなさい。

No.1
ア　　　イ　　　ウ　　　エ

職業を選ぶ問題かな？

No.2
ア　　　イ　　　ウ　　　エ

「ヘルメットをかぶって自転車で公園に行き，野球をする」といった話かな？

No.3
ア　　　イ　　　ウ　　　エ

卵

みかん [　]個

りんご [　]個

ジュース

No.1		No.2		No.3	

次の英文や対話を聞いて，そのあとの質問に対する答えとして最もふさわしい絵を，ア，イ，ウ，エから1つ選び，記号を書きなさい。

No.1

ア　　　　　イ　　　　　ウ　　　　　エ

腕時計＝watch
掛け時計／置き時計
＝clock

No.2

ア　　　　　イ　　　　　ウ　　　　　エ

天気: 雨／雪
移動手段:
徒歩／自転車
どっちかな？

No.3

ア　　　　　イ　　　　　ウ　　　　　エ

メモ

昨夜 ⬜　。

今朝 ⬜　。

No.4

ア　　　　　イ　　　　　ウ　　　　　エ

⚠ ミスに注意

AMは午前，PMは午後だね。寝た時刻？起きた時刻？

No.1		No.2		No.3		No.4	

次の対話を聞いて，そのあとの質問に対する答えとして最もふさわしい絵やグラフを，
ア，イ，ウ，エから1つ選び，記号を書きなさい。

No.1

ア　　　　　　イ　　　　　　ウ　　　　　　エ

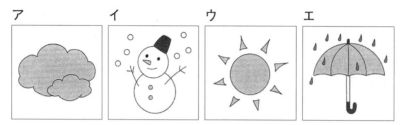

No.2

ア　　　　　　イ　　　　　　ウ　　　　　　エ

No.3

ア　　　　　　イ　　　　　　ウ　　　　　　エ

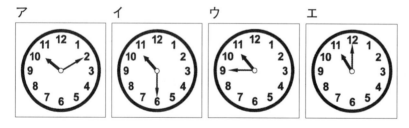

No.4　「球技大会で何をやりたいか？」～クラス別　アンケート結果～

ア　　　　　　イ　　　　　　ウ　　　　　　エ

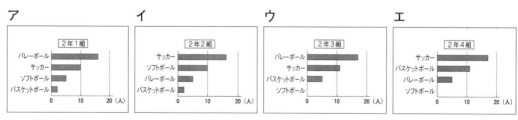

No.1		No.2		No.3		No.4	

次の対話や英文を聞いて，そのあとの質問に対する答えとして最もふさわしい絵やグラフを，ア，イ，ウ，エから1つ選び，記号を書きなさい。

No.1

ア　イ　ウ　エ

No.2

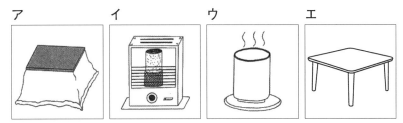

No.3

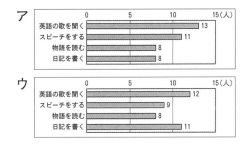

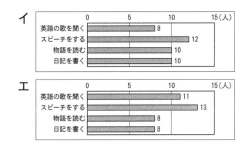

No.4

ア　イ　ウ　エ

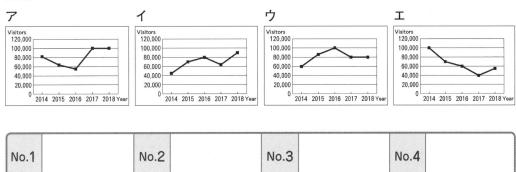

No.1		No.2		No.3		No.4	

第2章　　　　次の一言

- 音声を聞く前に，選択肢の内容を読み比べておこう。
- 対話を聞いて，最後の英文をメモしよう。
- 最後の英文が質問→質問の答えを選ぶ。質問ではない→話の流れに合うものを選ぶ。

基本問題　難易度 ★★★★★　　正答数 1回目 □ 2回目 □ ／4　解答 ➡ P11

　次の対話を聞いて，最後の英文に対する受け答えとして最もふさわしいものを，**ア，イ，ウ**から1つ選び，記号を書きなさい。

No.1
ア　By plane.
イ　For six days.
ウ　With my family.

最後の英文
How long did you stay there? が聞き取れるかな？

No.2
ア　Here you are.
イ　I'm just looking.
ウ　It's too expensive for me.

最後の英文

this one?

No.3
ア　Sorry, I'm busy.
イ　I hope the weather will be nice.
ウ　Nice to meet you.

最後の英文が質問ではない→話の流れに合うものを選ぼう。

No.4
ア　OK. I'll call again later.
イ　Shall I take a message?
ウ　Hello, Yoko. How are you?

相手が不在だった時，電話をかけた側がよく使う表現を選ぶよ。

No.1		No.2		No.3		No.4	

次の対話を聞いて，最後の英文に対する受け答えとして最もふさわしいものを，ア，イ，ウ，エから1つ選び，記号を書きなさい。

No.1

ア　I don't know your phone number.

イ　I see. Do you want to leave a message?

ウ　Can you ask him to call me?

エ　I'm so sorry.

No.2

ア　Sorry. I haven't washed the tomatoes yet.

イ　I don't think so. Please help me.

ウ　Thanks. Please cut these carrots.

エ　All right. I can't help you.

No.3

ア　Ten o'clock in the morning.

イ　Only a few minutes.

ウ　Four days a week.

エ　Every Saturday.

No.4

ア　Sure. I'll do it now.

イ　No. I've never sent him a letter.

ウ　Yes. You found my name on it.

エ　Of course. I finished my homework.

No.1		No.2		No.3		No.4	

第3章　　対話や英文と質問（1つ）

- 音声を聞く前に，選択肢の内容を読み比べておこう。
- 対話を聞いて，人物の名前や行動などをメモしよう。
- 質問を聞いて，誰の何についての質問かメモしよう。

基本問題　難易度 ★★★★★　　正答数 [1回目] [2回目] ／3　解答 ➡ P15

次の対話や英文を聞いて，そのあとの質問に対する答えとして最もふさわしいものを，**ア，イ，ウ，エ**から1つ選び，記号を書きなさい。

No.1

- **ア**　She is going to do Mike's homework with her husband.
- **イ**　She is going to cook dinner in the dining room.
- **ウ**　She is going to go to the dining room with Mike.
- **エ**　She is going to eat dinner with her husband and Mike.

マイク：□□が終わった。おなかが□□。□を呼びに行く。
母親：□の準備ができた。

No.2

- **ア**　Yes, please. I want more.
- **イ**　Help yourself, Lisa.
- **ウ**　I'm sorry. I can't cook well.
- **エ**　Of course. You can take it.

対話の最後のリサの勧めに対する答えを選ぶよ。

No.3

- **ア**　They are in the nurse's office.
- **イ**　They are in the library.
- **ウ**　They are at a stationery shop.
- **エ**　They are at a birthday party.

選択肢のThey areは共通だね。場所を選ぶ問題だよ。

No.1		No.2		No.3	

次の対話を聞いて, そのあとの質問に対する答えとして最もふさわしいものを, ア, イ, ウ, エから1つ選び, 記号を書きなさい。

No.1

ア　This Saturday.

イ　This Sunday.

ウ　Tomorrow.

エ　Next Monday.

No.2

ア　To do Tom's homework.

イ　To bring Eita's math notebook.

ウ　To call Tom later.

エ　To leave a message.

No.3

ア　Because Mike said some museums in his country had *ukiyoe*.

イ　Because Mike learned about *ukiyoe* last weekend.

ウ　Because Mike went to the city art museum in Japan last weekend.

エ　Because Mike didn't see *ukiyoe* in his country.

No.4

ア　It took about 25 minutes from Toyama to Kanazawa.

イ　Hiroshi walked from Kanazawa Station to Kenroku-en.

ウ　Hiroshi went to many countries during his holiday.

エ　Hiroshi took a bus in Kanazawa.

No.1		No.2		No.3		No.4	

第4章　　　語句を入れる

- 音声を聞く前に空欄を見て，聞き取る内容をしぼろう。
- fifteen「15」とfifty「50」などを聞き分けるために，数はアクセントに注意しよう。
- Tuesday「火曜日」とThursday「木曜日」の違いなど，曜日を正しく聞き取ろう。

基本問題　難易度 ★★★★★　🎵9　正答数 [1回目] [2回目] ／6　解答 ➡ P21

No.1　デイビッドと教子の対話を聞いて，【教子のメモ】のア，イ，ウにあてはまる言葉を日本語または数字で書きなさい。

【教子のメモ】

```
お祭りのダンスイベント
・（　ア　）曜日に行われる。
・集合時刻は午後（　イ　）。
・集合場所は音楽ホール。
・Tシャツの色は（　ウ　）色。
```

📝メモ

お祭り：
[　]曜日〜[　]曜日

ダンスイベント：
[　]日目

開始時刻：午後[　]時

集合時刻：[　]分前

Tシャツの色：[　]色

No.2　ケイトと英太の対話を聞いて，【英太のメモ】のア，イ，ウにあてはまる言葉を日本語または数字で書きなさい。

【英太のメモ】

```
・古い建物は（　ア　）である。
・約（　イ　）年前に建てられ，学校として使われていた。
・昔の人々がどのように（　ウ　）していたかを見ることができる。
```

⚠️ミスに注意

アクセントに注意して数を聞き取ろう。

No.1	ア		イ		ウ	
No.2	ア		イ		ウ	

No.1　マイクとリサの対話を聞いて，対話のあとに【リサがナンシーの留守番電話に残したメッセージ】の**ア，イ**にあてはまる言葉を英語または数字で書きなさい。

【リサがナンシーの留守番電話に残したメッセージ】

> Hi, Nancy.　This is Lisa.
> Mike's brother is going to stay in Fukuoka for three weeks.
> So Mike and I have decided to take him to a ramen shop next （　**ア**　）.
> They will come to my house at （　**イ**　）, and we will walk to the shop.
> If you want to join us, please tell me.

No.2　ジェームスとアヤの対話を聞いて，対話のあとに【アヤがジェームスに送ったメール】の**ア，イ**にあてはまる言葉を英語で書きなさい。

【アヤがジェームスに送ったメール】

> Hi, James.
> I enjoyed the concert today.
> I am happy because I can （　**ア**　） how to play the violin from you.
> I will see you at your house on （　**イ**　）.

No.1	ア		イ	
No.2	ア		イ	

第5章　　　　対話と質問（複数）

- 音声を聞く前に，問題文をよく読み，登場人物の名前や立場を把握しよう。
- 音声を聞く前に，選択肢（と質問）から聞き取る内容をしぼろう。
- 音声を聞きながら，「誰が何をした」に関する内容をメモしよう。

基本問題　難易度 ★★★☆☆　　正答数 [1回目] [2回目] ／4　解答 ➡ P25

　ALTのブラウン先生とケンジの対話を聞いて，次の質問に対する答えとして最もふさわしいものを，ア，イ，ウから1つ選び，記号を書きなさい。

No.1　What happened to Kenji's basketball team last week?
ア　His team won the game.
イ　His team lost the game.
ウ　His team became stronger by practicing hard.

No.2　How does Kenji feel when he makes mistakes in the basketball game?
ア　He always feels sorry for his friends in his team.
イ　He doesn't understand how he feels.
ウ　He is encouraged by making mistakes.

No.3　When will Kenji have his next game?
ア　He will have it in December.
イ　He will have it in November.
ウ　He will have it in October.

No.4　Which is true?
ア　Kenji learned that he could improve his basketball skills by making mistakes.
イ　Kenji was encouraged by his friend's words and smile.
ウ　Kenji has played basketball for ten years in America.

📝メモ

- 先週の試合でケンジのチームは ⬚ た。
- ブラウン先生は ⬚ で ⬚ 年間バスケットボールをしていた。
- ケンジはミスをすると ⬚ に ⬚ と思う。
- ブラウン先生はミスをすると ⬚ に ⬚ いた。
- しかし，ブラウン先生の友達がまた ⬚ すればいいと言った。その ⬚ と ⬚ に励まされた。
- ケンジはブラウン先生からとても ⬚ なことを学んだ。今ではミスをすることで ⬚ の技術が ⬚ すると信じている。
- ケンジの次の ⬚ は ⬚ 月にある。
- ブラウン先生は ⬚ を楽しみにしている。
- ケンジは ⬚ つもりだ。

No.1		No.2		No.3		No.4	

ダイキとキャシーの春休みの予定についての対話を聞いて，そのあとの質問に対する答えとして最もふさわしいものを，**ア**，**イ**，**ウ**，**エ**から1つ選び，記号を書きなさい。

No.1

ア　He lived in Tokyo.

イ　He lived in Sydney.

ウ　He lived in Osaka.

エ　He lived in America.

No.2

ア　Cathy will.

イ　Sam will.

ウ　Sam's parents will.

エ　Kate will.

No.3

ア　Yes, she does.

イ　No, she doesn't.

ウ　Yes, she has.

エ　No, she hasn't.

No.4

ア　She likes to send e-mails.

イ　She likes to go shopping.

ウ　She likes to go to the zoo.

エ　She likes to take pictures.

No.1		No.2		No.3		No.4	

第6章　　　英文と質問（複数）

- 音声を聞く前に，問題文をよく読み，話をする人の名前や立場を把握しよう。
- 音声を聞く前に，選択肢（と質問）から聞き取る内容をしぼろう。
- 音声を聞きながら，キーワードをメモしよう。

基本問題　難易度 ★★★☆☆　◎13　　1回目 2回目 正答数 □ □ ／3　解答 ➡ P29

　　ALTのグリーン先生が夏休みの宿題について話をします。それを聞いて，次の質問に対する答えとして最もふさわしいものを，ア，イ，ウ，エから1つ選び，記号を書きなさい。

No.1　生徒たちには，どのような宿題が出されましたか。
ア　A report about one of the problems written in the textbook.
イ　A report about what the students did during summer vacation.
ウ　A report about how to use the city library.
エ　A report about people around the world.

No.2　教科書には，何をしなければならないと書いてありましたか。
ア　To read books in the city library for the report.
イ　To finish writing a report about the problems in our environment.
ウ　To learn about how the Internet can help the students.
エ　To keep thinking about protecting our environment.

No.3　生徒たちは，いつ先生に宿題を提出しなければなりませんか。
ア　After the next class.
イ　At the end of summer vacation.
ウ　At the first class after summer vacation.
エ　At the last class of this year.

📝メモ

- ｜　　｜前の｜　　｜。明日から｜　｜日間の休みに入る。
- ｜　　｜問題についてのレポートを書く。英単語を｜　　｜語以上使う。
- ｜　　　｜についての｜　　｜を読み終えた。
- ｜　　　｜の中で｜　　｜｜　　｜がある問題を選ぶ。
- ｜　　｜には｜　　｜｜　　｜の誰もが環境を｜　　　｜について考え続けなければならないと書いてある。
- 詳しく知りたい人は｜　　　　｜や｜　　　　｜の本を利用する。
- ｜　　　｜でレポートを提出する。

No.1		No.2		No.3	

－ 15 －

教子が祖母の誕生日パーティーについて話をします。それを聞いて，そのあとの質問に対する答えとして最もふさわしいものを，ア，イ，ウ，エから1つ選び，記号を書きなさい。

No.1

ア　Kyoko's grandmother did.

イ　Kyoko's mother did.

ウ　Kyoko's father did.

エ　Kyoko did.

No.2

ア　Because Kyoko makes a birthday cake every year.

イ　Because Kyoko couldn't buy a cake at the cake shop.

ウ　Because Kyoko's grandmother asked her to make a cake.

エ　Because Kyoko's grandmother made a bag for her.

No.3

ア　Nine hours.

イ　Six hours.

ウ　Four hours.

エ　One hour.

No.4

ア　She enjoyed a special lunch with her grandmother.

イ　She sang a birthday song for her grandmother with her parents.

ウ　She said to her grandmother, "Thank you."

エ　She showed the bag to her grandmother.

No.1		No.2		No.3		No.4	

第7章　　　　　作　文

- 音声を聞く前に，登場人物と作文の条件を確認しよう。
- 本文→質問の順で放送されることが多い。質問は確実に聞き取ろう。
- 自信のない表現は避け，自分が正しく書ける表現を使って英文を作ろう。

基本問題　難易度 ★★★★☆　◎15　正答数 [1回目] [ ] [2回目] [ ] ／2　解答 ➡ P33

No.1　ジョンと教子の対話を聞いて，教子の最後の問いかけに対する答えを，ジョンに代わって英文で書きなさい。

転校していくクラスメートにしてあげられることを書こう。
We can ～「(僕らは)～できる」の書き出しではじめよう。

No.2　ALTのデイビッド先生の話を聞いて，先生の指示に対するあなたの答えを２文以上の英文で書きなさい。

２文以上で書くよ。
質問で２つのことを聞かれるから，それぞれ１文ずつ書こう。
１文目は主語+can ～「～できる」の形で書くといいね。
２文目の理由は
It's because ～ .
「それは～だからだ」を使おう。

No.1	
No.2	

　カナダの高校に留学にきた日本の生徒たちに向けてルーシーが学校の案内をします。その説明を聞いて，次の各問いに答えなさい。

　No.1では，そのあとの質問に対する答えとして最もふさわしいものを，ア，イ，ウ，エから１つ選び，記号を書きなさい。

　No.2 では，質問に対する答えをルーシーが説明した内容に合うように英文で書きなさい。

　No.3 では，質問に対するあなたの答えを英文で書きなさい。

No.1

ア　In the gym.

イ　In the library.

ウ　In the lunch room.

エ　In front of their school.

No.2　（質問に対する答えを英文で書く）

No.3　（質問に対する答えを英文で書く）

No.1	
No.2	
No.3	

CDトラックナンバー 一覧

第1章　絵・グラフ

　　基本問題Ａ ……………… 　1

　　基本問題Ｂ ……………… 　2

　　練習問題Ａ ……………… 　3

　　練習問題Ｂ ……………… 　4

第2章　次の一言

　　基本問題 ……………… 　5

　　練習問題 ……………… 　6

第3章　対話や英文と質問（1つ）

　　基本問題 ……………… 　7

　　練習問題 ……………… 　8

第4章　語句を入れる

　　基本問題 ……………… 　9

　　練習問題 ……………… 　10

第5章　対話と質問（複数）

　　基本問題 ……………… 　11

　　練習問題 ……………… 　12

第6章　英文と質問（複数）

　　基本問題 ……………… 　13

　　練習問題 ……………… 　14

第7章　作文

　　基本問題 ……………… 　15

　　練習問題 ……………… 　16

聞き違いをしやすい表現………… 　17

🔊 **音声の聴き方**

　ＣＤで音声を聴くことができます。ＣＤ以外でも，教英出版ウェブサイトでＩＤ番号を入力して音声を聴くことができます。ＩＤ番号を入力して音声を聴く方法は，都道府県版（別冊）の１ページをご覧ください。